오늘도 다행복학교로 출근합니다

오늘도 다행복학교로 출근합니다

부산다행복교사 씀

창비교육

오솔길을 걸으며 손을 내밀다

김경애

시작이 반입니다

"부산다행복학교를 시작하실 때의 이야기를 듣고 싶습니다. 울산에 계신 선생님들께 혁신학교 이야기를 꺼내면, 그게 어떤 학교인지 다 안다, 나는 하고 싶지 않다, 이러거든요."

울산시교육청 장학사 한 분께 전화가 왔습니다. 울산에 혁신학교에 대해 공부하는 선생님들이 계신데, 우리 학교에 방문해서 이야기를 듣고 싶어 한다고 하셨습니다. 2019년 5월 8일, 울산혁신교육네트워크 교사 여덟 분과 장학사 한 분이 하루 내내 저희 학교에 머물며 수업을 참관하고 둘러앉아 이야기를 나누다 가셨습니다.

혁신학교는 2009년 5개 시·도에서 시작되어 2014년 대구, 경북, 울산을 제외한 14개 시·도로 물들어 갔습니다. 그간 울산에 계신 선생님들도 혁신 교육에 관해 얼마나 많은 이야기를 해 왔을까요? 하지만 직접 해 보지 않은 상황이라서 두렵고 주춤거렸을 것입니다. 혁신학교, 시작이 반인데, 그래서 시작만 하면 되는데 늘 그 시작이 참 어렵지요.

혁신학교를 시작하기 전 우리끼리 농담으로 누가 첫 번째 펭귄(first penguin)이 될 것인가 이야기하고는 했습니다. 펭귄들이 먹잇감을 구하러 바다에 들어가기 전 바닷속에 바다표범이 있나 없나 서로 눈치를 보다가, 첫 번째로 뛰어드는 펭귄을 보고 나서야 안전한지 확인한다고 하지요. 첫 번째 펭귄은 위험한 상황에서 먼저 용기를 내 도전하는 개척자이기도 하지만 자칫 실패의 본보기가 되기도 합니다.

울산 선생님들과 이야기를 나누다 보니 나중에 출발하는 사람들에게도 또 나름대로 어려움이 있더군요. 학생 중심 수업은 이렇고, 성장 중심 평가가 어떻고, 회복적 생활교육은 어떤 것이고, 공간 혁신은 이렇게 하고. 눈앞에 쌓여 있는 요구들 앞에서 몸과 정신이 지레 지쳐 버린다고요. 맞아요, 산에 오를 때 맨 뒤에서 걷는 사람이 가장 힘든 법이니까요.

남한산초등학교, 이우학교, 장곡중학교, 흥덕고등학교, 덕양중학교, 홍동중학교, 조현초등학교, 풀무학교, 보평초등학교, 청산중학교, 태봉고등학교, 산마을고등학교. 부산에 처음 혁신학교를 열어 보자 다짐하며 함께 공부할 때, 저희도 다른 지역 학교들을 참 부지런히 방문했답니다. 각자 고유한 빛깔을 지닌 학교들이 꿈꾸고 실천하는 다양한 교육 활동 이야기를 듣고 있자면 그저 부러울 뿐이었지요. 부러우면 지는 거라지요? 지지 말고 해 보기로 한 겁니다. 부산에도 곧 혁신 교육이라는 꿈이 현실이 될 것입니다. 지금 우리가 하고 있으니까요. '부산에는 이미 마을과 하나 되어 배움을 실천하는 초등학교가 있으니까, 이 아이들이 졸업하고도 갈 수 있는 중등학교 하나는 있어야지.' 하는 마음으로 모이기 시작한 때가 2010년. 이제 부산 곳곳에 새로운 교육을 꿈꾸는 이들이 둥지를 틀고 있습니다.

신나는 꿈을 꾸었습니다

2011년 가을, 경기도 이우학교에 방문했던 기억이 납니다. 겨우 학교 입구를 찾았을 때, 따르릉 자전거 경적 소리가 울리며 아이들이 웃는 얼굴로 삼삼오오 교문을 빠져 나오고 있었습니다. '토요일에 학교 수업을 하고도 저렇게 환하게 웃는구나!' 협의회를 참관하면서 선생님들이 아이들 한 명 한 명에게 얼마나 많은 관심과 애정을 기울이는지 알 수 있었습니다. 아이에게 뭔가를 넣어 주려 하기보다, 아이 안에 담긴 것을 스스로 끄집어 낼 수 있도록 돕는 교육 방식이 이우학교가 가진 큰 힘이라는 생각이 들더군요.

희망이 안 보이던 입시 위주의 교육, 되는 것보다 안 되는 게 더 많은 학교, 무한 경쟁이라는 넘어설 수 없는 벽. 대안학교들은 그 벽을 담쟁이처럼 천천히 오르며 교육에 대한 새로운 상상을 불어 넣었습니다.

"대안학교니까 가능하지, 공교육에선 어림없어! 초등학교니까 되지, 중·고등학교에서 학부모들을 설득할 수 있을 것 같아?"

입시라는 벽과 마주하면 교육 혁신을 해야 할 이유는 초라해지고, 하지 말아야 할 이유는 천만 가지나 되었습니다.

이우학교는 학생들이 자신의 능력과 소질을 잘 파악하고 있는 교사를 담임으로 선택하여, 입학부터 졸업까지 함께 생활하는 학사 진로 담임 제도를 운영하고 있었습니다. 우리의 벽이 이우학교에선 벽이 아니었던 거지요. 학부모 면접이 포함된 심층 면접으로 신입생을 선발하지만 소위 말하는 '귀족 학교'는 아닙니다. 경제적으로 어려운 아이들에겐 학업 성적과 상관없이 장학금을 지급하니까요. 학생·교사·학부모가 동등한 자격의 조합원이 되어 생활 협동조합을 만들고, 그 협동조합이 학교를 운영합니다. 제가 만약 학생으로 돌아갈 수 있다면 이런 학교에 다니고 싶더군요. 제가 매일 마주하는 아이들도 이런 학교를 꿈꿀 겁니다.

'우리도 이우학교를 만들어 보자.' 신나는 꿈을 꾸었습니다. 진정한 배움은 어떻게 일어나는지, 과연 우리가 가야 할 방향은 어디인지, 지금도 계속 꿈을 꾸고 있습니다.

발자국을 따라

앞선 발자국을 따라 여기까지 왔습니다. 앞서 걸어간 사람이 있고, 그 자취를 따라 걷는 우리가 있고, 우리 뒤를 따라오는 사람들도 있습니다. 지금 우리가 있는 곳, 그리고 당신이 있는 곳, 각자의 '우리 학교'에서 행복하신가요?

여기 학교와 마을이 만나는 이야기, 학부모와 손잡고 어린 친구들을 길러 내는 이야기, 내 이웃인 동료 교사를 만나 함께 울고 웃는 이야기가 있습니다. 모두가 벗 되어 더불어 학교를 만들기 위한 열네 개의 이야기가 있습니다. 부산다행복학교를 오롯이 경험하며 학교 혁신이라는 넓은 들판에 오솔길을 만든 사람들의 이야기입니다. 이들이 함께 너른 길을 만들자고 내미는 손을 잡아 주시겠습니까?

- 글쓴이들의 목소리를 대신하여

김경애 씀

차례

1

함께 내디딘 발걸음

리더 교사는 마중물 교사

주강원

3의 힘

건널목 앞을 지나가는 사람들 사이 한 사람이 서서 길 옆 높은 빌딩을 올려다보고 있다. 그에게도, 그가 바라보는 곳에도 사람들은 관심이 없다. 그러다 한 사람이 그의 옆에 멈춰 서서 같은 곳을 바라본다. 사람들은 길을 막아선 두 사람 옆을 신경질적으로 지나친다. 또 한 사람이 멈춰 선다. 이제 세 사람이 빌딩 저 높은 한 곳을 바라본다. 지나가던 사람들이 하나둘 걸음을 멈춘다. '저곳에 뭐가 있지?' 사람들은 빠르게 늘어난다. 3의 힘. 마음 맞는 세 사람만 있으면 세상을 바꿀 수 있다.

학교 교육은 교사 자질을 넘지 못한다는 말이 있다. 그래서 교사가 변하면 학교가 변한다. 그러나 교사들은 대체로 자기 세계가 강하여 변화를 쉽게 받아들이지 않는다. 외부에서 시작된 변화에는 더 거부감을 느낀다. 지금까지의 교육 방식이 부정당하는 것 같아 완고하게 자기 방식을 합리화한다. 아이들을 가르치는 데 단 하나의 기준과 정답이 있는 게 아니라며, 지금까지 자신은 최선을 다해 왔다고 생각한다. 이런 성향을 가진 교사들에게 마음을 열고 다른 교육 방식을 고민해 보자고 설득하기에 한두 사람의 힘은 너무나 적다.

학교를 바꾸는 일은 복잡하고 어렵다. 학기 초에 계획한 교육 활동이나 행사를 바꾸려면 예산이나 학사 일정을 다시 조정해야 한다. 따로 교육청의 지시나 새로 온 관리자의 요구가 있지 않는 한 갑작스럽게 학교 운영 방식을 바꾸지 않는다. 새로운 활동을 바란다면 그에 맞는 사람이 필요하다. 한 곳을 바라보는 두 사람에게 힘이 되어 줄 세 번째 사람.

함께여서 가능했던 새로운 도전

"선생님, 우리가 한번 해 봅시다. 부산교육청이 혁신학교를 시작한답니다. 경기도에서는 혁신학교가 좋은 평가를 받고 있다는데, 부산에도 제대로 된 학교가 있어야죠."

2014년, 우리 학교는 인근 초등학교 학부모들 사이에서 보내고 싶지 않은 중학교로 낙인찍혀 있었다. 우리 학교에 입학시키지 않으려고 6학년 2학기가 되면 다른 초등학교로 전학을 가는 학생들이 제법 있었다. 교사들 사이에서도 정기 전보 때 피해야 할 학교 1순위였다. 다 그럴 만한 이유가 있었다. 학교 주변이 유흥가였고, 학교 폭력, 흡연 등의 비행 사안이 많았다. 교사의 지도를 거부하며 대들기도 했고, 학습 수준이 낮은 학생들이 많아 수업 진행이 힘들었다. 그래서 '혁신학교'가 우리 학교 교사들이 품을 수 있는 유일한 희망이었다.

사람을 이어 주고 맞이하는 마중물 교사

교육청이 다행복학교를 지정할 때 가장 중요하게 보는 것은 교육 변화에 대한 학교 구성원들의 의지이다. 과반수의 교직원 찬성이 필수 조건인 것도 그런 이유에서다. '혁신학교 운영 사례가 전혀 없는 부산에서 어떻게 해야 교직원 과반수의 동의를 얻을 수 있을까?' 리더 교사들에게 닥친 첫 번째 숙제였다. 혁신학교가 무엇인지 잘 모르거나 관심이 있다 해도 연구·시범학교 정도로만 알고 있는 교사들에게, 혁신학교의 좋은 사례와 성과를 설명한다고 해서 피부에 와닿을 수 있을까? 게다가 연구·시범학교가 승진 수단이나 교육과 관련 없이 업무만 가중시킨다는 부정적 인식이 강한 마당에 말이다.

어려운 조건 속에서 교직원 과반수의 찬성을 이끌어내는 데 큰 역할을 해 주신 분은, 부산에서 첫 혁신학교를 준비할 때 그 중심에 서 있었던 경력이 많은 선생님이셨다. 그 선생님은 '사람을 이어 주고 맞이하는 마중물 리더 교사'였다.

선생님은 우리 학교에 전근 온 첫해부터 교무실 분위기를 부드럽고 편하게 만들었다. 성별, 나이를 가리지 않고 동료들과 원만한 관계를 유지하였다. 인간관계에서 늘 따라오는 크고 작은 갈등이 불거지면, 가벼운 농담으로 분위기를 편안하게 만들거나 경험에서 묻어나는 합리적인 해결 방안을 제시하며 중재하였다. 선생님 앞에서는 개성이 강하고 성격이 까칠한 교사도 편하게 마음을 열었다. 선생님은 모든 사람과 막힘이 없었다.

선생님은 먼저 혁신학교에 관해 관심이 없거나 부정적인 생각을 가진 경력 많은 교사들을 설득했다.

"선생님, 우리가 30년 넘게 교사를 하고 있는데 현재 우리 학교에 만족하십니까? 갈수록 명퇴를 생각하는 사람이 많아진다는 게 바로 학교가 힘들다는 증거 아니겠어요? 이번에 교육감이 바뀌었고, 새로운 학교를 만들겠다고 나서는 후배들도 있으니 힘을 한번 실어 줍시다."

선생님은 이미 지역에서 교육에 대한 열정과 성과를 높게 평가받고 계셨다. 선생님에게는 설득하는 힘이 있었고, 그를 아는 사람들은 그의 삶을 믿고 지지해 주었다. 젊은 교사들은 아이들을 먼저 생각하고 동료들을 위해 주저 없이 앞장서는 좋은 선배 교사의 모습을 직접 경험하면서 호의적인 반응을 보였다. 그 반응을 보고, '똑똑한 사람보다 좋은 사람의 의견을 더 많이 지지한다.'는 세간의 이야기를 확인할 수 있었다. 동료들에게 좋은 사람으로 인정받는 리더 교사의 소중함은 부산다행복학교의 햇수가 쌓일수록 실감하고 있다.

철학과 방향을 먼저 고민하는 마중물 교사

2009년 경기도에서 시작된 혁신학교 운동은 전국의 많은 교사들에게 신선한 충격을 주었다. '학교가 변할 수 있구나, 모든 아이들이 행복한 학교가 있구나, 교사들이 주인이 되어 학교 운영에 참여하는 학교가 있구나, 아이들 자치 활동을 지지하고 지원하는 학교가 있구나.'

학교생활은 짜여진 계획에 따라 바쁘게 움직인다. 그래서 교사가 쳇바퀴 돌 듯 정신없이 바쁜 학교 일상을 뛰어넘어 새로운 무언가를 시작하기가 쉽지 않다. 그 와중에 한발 앞서 다른 지역 혁신학교를 공부하고, 부산다행복학교를 준비하는 우리 학교 리더 교사들에게 길잡이 역할을 해 주신 선생님이 계시다.

"부산다행복학교에는 4대 운영 체제가 있습니다. '민주적인 학교 운영'은 소통하고 협력하는 민주적인 학교 공동체를 만드는 것입니다. '윤리적 생활 공동체'는 학교를 존중과 배려가 있는 생활 공동체로 만드는 것이고요. '전문적 학습 공동체'는 학교를 교사들이 연구하는 조직으로 바꾸는 것입니다. '창의적 교육과정'은 한 아이도 배움에서 소외되지 않도록 성장을 지원하는 것입니다.

4대 운영 체제는 수레의 네 바퀴와 같습니다. 첫해라고 쉬운 바퀴만 굴리면 수레가 제대로 나아갈 수 없습니다. 간혹 교사들이 많은 노력이 수반되는 '수업 혁신'을 뒤로 미루자고 합니다. 그러나 같이 하지 않으면 나중에는 더 하기 힘듭니다. 우리 학교는 느리더라도 네 개의 바퀴를 동시에 굴리는 방법을 찾아야 합니다. 부산다행복학교는 속도보다 방향을 중요하게 여겨야 합니다. 왜냐하면 방향은 학교 비전에 담기기 때문입니다. 그래서 꼭 구성원들이 같이 만들어야 합니다.

담임의 행정 업무를 줄여야 합니다. 담임은 학급 아이들을 돌보고 성장을 지원하는 역할에 집중할 수 있어야 합니다. 나아가 학교를 행정 업무 중심에서 교육 활동 중심으로 바꾸어야 합니다. 학교 조직을 업무 지원부와 학년부로 나누고 학년부에 더 많은 역량을 쏟아야 합니다. 또, 생활 지도라는 말보다 생활교육이라는 말이 더 교육적입니다. 아이들을 통제하고 지도하는 학생부를 학교생활을 잘할 수 있도록 지원하는 학생 생활 지원부로 바꿔야 합니다."

그 밖에도 선생님께서 해 주신 말씀이 많다. 교문맞이, 다모임, 회복적 생활교육, 제안 수업, 제안 수업 협의회, 교직원 워크숍, 주제 융합 수업, 학년 교육과정. 이 모든 게 그 선생님에게서 배운 용어와 개념들이다. 지금이야 부산다행복학교에서 일상 용어로 쓰고 있지만 6년 전에는 너무나 낯선 용어들이었다.

북쪽을 가리키는 나침반 끝은 끊임없이 흔들린다. '속도보다 방향'이라는 화두를 늘 던졌던 선생님께서는 처음 가 보는 부산다행복학교 운영에 '철학과 방향을 먼저 고민하는 길잡이 마중물 교사'가 되어 주셨다.

일상을 빛내 주신 마중물 교사

사실 일 년 동안 학교가 운영되면서 전 구성원이 함께 심각하게 고민하고 결정을 내려야 하는 일이나 상황은 몇 번 없다. 학교는 이미 짜인 계획에 따라 움직이며, 아이들과 교사들은 일과에 따라 해야 할 활동과 머물러야 할 공간이 정해져 있기 때문이다.

교사들은 학교생활에서 몸과 마음이 편하면 우리 학교가 안전한 공간이라는 믿음을 갖게 된다. 동료 사이의 믿음은 다양한 행사와 교육 활동을 추진하는 에너지가 된다. 신뢰로 연결된 교사 집단은 본래 개인이 갖고 있던 것보다 훨씬 큰 교육 역량을 발휘한다. 그러면 학교 교육력은 교직원 개인의 합보다 훨씬 강해진다. 반대로 동료들 사이에 작고 사사로운 갈등과 마찰이 잦으면, 문제를 드러내기보다 마음을 닫고 혼자서 고민하는 경우가 많다. 공론화되지 못한 이야기는 잘못되면 뒷담화가 되고 그릇된 소문을 만들기도 한다. 뒷담화와 그릇된 소문은 동료들 간의 협력을 방해한다.

부산다행복학교에 전입해 오는 교사들은 학교의 새로운 운영 방식에 낯설어 한다. 예를 들면, 교육 활동 중심으로 학교를 운영하기 위해 가능한 한 담임에게 행정 업무를 주지 않는 것, 또 학년부장에게는 담임 반을 주지 않는 대신 학년 생활교육과 학년 교육과정 운영을 총괄하도록 하는 것, 반면에 업무 지원부는 다른 부원들을 두지 않고 업무 지원부장 혼자서 부서 업무를 처리하는 것 등이 기존 학교와 다르다. 다행복학교는 회의 방식도 다르다. 전달 중심의 주 1회 아침 교무 회의를 없애고, 토론 중심의 '다모임'으로 중요 문제들을 결정한다.

　　이런 까닭으로, 학교 운영 방식이 참신하고 좋다는 긍정적인 평가도 있지만 불만을 제기하는 교사들도 많다. 낯선 환경이다 보니 미처 생각하지 못한 문제점들이 나타나기 마련이고, 교사들은 이런 상황을 불편해한다. 이런 것들이 쌓여 불만과 불평으로 이어지고 결국에는 동료 관계와 교육 활동을 방해하기도 한다.

　　활달하고 유쾌한 성격으로 지나가는 자리마다 웃음을 남기는 선생님이 계셨다. 선생님의 재치는 단순히 재미에서 그치는 게 아니라, 학교 운영 과정에서 예상치 못한 빈틈이 생기면 어느새 나타나 순식간에 꼼꼼히 메꾸는 데까지 이어졌다.

　　방학에 맞춰 진행되는 교직원 워크숍은 성찰과 전망을 함께 고민하는 시간이다. 새로운 아이디어는 일상을 벗어난 낯선 공간에서 다양하게 나온다. 그래서 교직원 워크숍은 멀리 떨어진 다른 지역에서 진행되는 경우가 많다. 그런데 방학 기간에 1박 2일로 워크숍을 진행한다면 흔쾌하게 받아들이지 않는 교사들이 있다. 이로 인해 행사 분위기가 어두워지기도 하는데, 아무리 좋은 내용을 다루더라도 교사들이 즐겁지 않으면 행사의 효과는 반감된다.

이럴 때 선생님의 기지가 발휘되었다. 출발하는 버스에서부터 맹활약이 시작되어 워크숍 끝까지 이어졌다. 모두가 부담 없이 참여하는 이야기 자리를 만들고 이야기 끝에 작은 선물을 빠짐없이 선사하셨다. 선생님의 세심한 준비 덕에 워크숍은 항상 즐거운 분위기로 마무리되었다.

학생 독립운동 기념일 아침 교문맞이 때는 한복 저고리를 입고 태극기를 흔들면서 아이들을 맞이하자고 제안하셨고, 이벤트는 아이들의 엄청난 호응을 받았다. 선생님은 부산다행복학교를 운영하는 과정에서 생긴 틈을 단단히 메꿔 주는 '소소한 일상에서 교사들을 연결하는 마중물 교사'였다.

배려하는 마중물 교사

부산다행복학교 4대 운영 체제 중 첫째가 민주적 학교 운영이다. 구성원들이 민주적 협의로 학교를 운영하는 것을 말한다. 중요한 사안은 전 교직원이 참여하는 다모임에서 결정하며, 교장, 교감도 똑같이 발언권을 얻어 참여한다. 교장, 교감 선생님이 권한을 내려놓아야 가능하기에 가끔 이 과정에서 갈등이 생기기도 한다. 책임은 여전한데 의사 결정 과정에서 작은 목소리밖에 낼 수 없으니, 어쩌면 그들이 소외감을 느끼는 것도 당연하다. 그래서 중요한 사안이 있을 때는 교장, 교감 선생님에게 미리 의견을 구하거나 의논해야 한다.

교무부장 선생님은 이럴 때 학교의 모든 구성원을 신경 쓰시는 분이었다. 내부 결재만으로 충분히 공유할 수 있는 작은 교육 활동이라도 먼저 교감 선생님과 의논하고 의견을 구하였다. 그리고 교장실에 찾아가서 교장 선생님에게 설명하고 의견을 묻는 과정을 거치려고 노력하였다.

부산다행복학교로 지정되면 일반 학교와는 다르게 추가 지원되는 예산이 있어 행정실 업무가 증가한다. 또 다양한 행사와 체험 활동도 많아, 행정실 입장에서 보면 부산다행복학교 지정이 그리 반가운 일이 아니다. 이때도 선생님은 행정실 직원들에게 부산다행복학교의 취지를 설명하고 늘어나는 업무를 이해시키려 수시로 행정실을 드나들었다.

2015년 부산다행복학교를 시작하면서 교무부장 선생님은 학부모들이 학교에 편하게 올 수 있도록 학부모 동아리 사업을 추진하였다. 그러나 여전히 학부모들은 학교에 오기를 불편해했다. 학교 문턱이 높았기 때문이다. 부산다행복학교는 학부모가 학교 교육력의 한 축으로 활동해 주기를 기대하고 있다. 그래서 교무부장 선생님은 구청에 도시 농업 예산을 신청하여 학부모 텃밭을 조성하였다. 텃밭에서 시작된 학부모 동아리는 손 글씨, 풍선 아트, 우드 버닝 아트, 독서 모임으로 늘어났다. 학부모회가 자리를 잡으면서 자발적으로 '엄마 손 주먹밥 데이'라는 행사를 주최했고, 이 행사는 해마다 열리고 있다.

선생님은 새로운 변화를 시작하는 부산다행복학교에서 자칫 소외될 수 있는 사람들을 '배려하고 소통으로 관계를 확장하는 리더 교사'였다.

마중물. 국어사전에는 그 뜻이 '펌프질을 할 때 물을 끌어 올리기 위하여 위에서 붓는 물'이라고 나와 있다. 부산다행복학교 리더 교사는 학교 변화의 마중물이다. 몸을 던져 동료 교사들을 끌어올리고, 학생들이 행복하게 성장할 수 있도록 좋은 교육이라는 물줄기를 끌어올린다.

해마다 새로운 꽃나무처럼

이주형

part 1. 다행복학교를 준비하며

2013년 2월, 정기 전보로 가게 된 새 학교에서 나는 2학년 담임에 배정되었다. 새로 온 학교에는 감당하기엔 좀 버거운 학생들이 많다는 소문이 들렸다. 살짝 걱정이 되었지만, 그래도 내심 자신이 있었다. 학교에 있는 동안 해마다 학기를 시작할 때는 '보통 애들이 아닌 애들'이었지만, 한 해가 끝날 무렵에 돌아보면 '애들은 그냥 애들'이었다. 그간의 경험을 믿고 불안감을 가라앉히며 3월 새 학년을 맞았다.

그러나 정말로 2학년 아이들은 유독 거친 편이었다. 나는 전임학교에서처럼 매일 교실에 남아 학생들과 함께 공부했다. 2학년은 자습하는 학생 수가 적어 도서실에 다 같이 모여 공부했지만, 우리 반 학생들은 예외였다. 나는 우리 반 교실에 책상과 의자를 갖다 놓고 마치 입시가 코앞인 학생처럼 아이들과 공부하면서 1년을 보냈다. 매일같이 밤늦게 공부한 정(?)이 있었는지 학년말이 되니 아이들은 눈에 띄게 변한 것까지는 아니어도 서서히 '애들은 애들' 상태로 돌아가 있었다.

내가 학년 교무실과 교실에 파묻혀 지낸 1년 동안 학교는 무척 시끄러웠다. 이유는 잘 모르겠지만 선생님들끼리도 갈등이 잦았다. 학기 중에 교무 업무 분장이 재조직되는 경우도 있었고, 그에 따라 중요 업무의 담당자가 바뀌기도 했다. 소통을 위한 다양한 형태의 교내 모임도 많았지만, 모임이 자발적이지 않았던 만큼 선생님들의 반발도 거셌다. '공감의 시간'이라고 이름 붙여진 전체 교직원 모임 시간이 끝나면, '공감은커녕 반감만 쌓인다.'는 불만이 노골적으로 터져 나왔다. 그런데 이 모든 불만의 근원에는 우리 학교를 새로운 학교로 바꾸고 싶어 하는 교장 선생님이 있었다.

전근을 온 학기 초에 교장 선생님께서 사토 마나부 교수를 언급하며, '배움이 있는 수업', '학생 중심 수업'을 고민해 달라는 말씀을 하신 적이 있다. '음, 사토 마나부 교수를 아는 관리자가 있군!' 솔직히 좀 놀라면서도 왠지 인문계 고등학교 교장과 사토 마나부 교수의 조합이 썩 잘 어울린다는 생각은 들지 않았다.

그래도 혼란스러운 학교를 수습하기는커녕 분란을 일으키는 관리자라는 편견을 버린다면, 교장 선생님의 연수 시간에는 귀담아 들을 내용이 꽤 많았다. 교무 업무를 재조직해서 담임 교사가 학생들의 상담과 생활교육에 집중할 수 있도록 하겠다든가, 학생들의 배움이 일어나도록 수업을 혁신하자는 이야기라든가, 학생들을 믿고 자치 활동의 영역을 넓혀 주자는 제안이라든가, 교사들도 공동체를 꾸려서 지속적으로 학습하도록 돕자는 말씀 등은 꽤 인상 깊었다. 특히 학교 의사 결정 구조를 민주화해서 학교의 자율성을 확대하자는 말은 책에서 읽을 때도 늘 내 가슴을 뛰게 하는 내용이었다.

하지만 나는 말씀을 들으면 들을수록 뛰는 가슴과는 반대로 자꾸만 고개를 가로젓게 되었다. 냉정하게 판단해 보았을 때 교장 선생님의 말씀은 우리 학교에서 실현될 가능성이 거의 없었다. 훌륭한 말씀이라고 인정은 하고 있었지만, 말씀이 멋있어서 그런지 더욱 비현실적이라는 느낌이 들었다. 대체로 다른 선생님들은 교장 선생님의 말씀을 '학교 사정 잘 모르는' 이상주의자의 주장으로 여겨 진지하게 검토하지 않으려고 했다. 어떤 선생님들은 교장 선생님의 다양한 제안을 받자마자 자꾸 안 된다는 말부터 앞세워서, 어느 순간부터는 생각의 차이뿐만 아니라 마음의 거리도 멀어지게 되었다.

나는 대체로 방관하는 편이었다. 몇 번은 교장실에 불려 가 비슷한 말씀을 듣기도 했지만 교장 선생님의 말씀을 온전히 받아들이지 못했다. 비슷한 내용을 책에서 읽을 때는 다 이해가 되었는데, 더 생생하고 쉬운 말로 대화를 하는데도 내 것으로 소화하지 못했다.

교사라면 누구나 그렇겠지만, 나도 오랫동안 새로운 교육에 대한 목마름으로 꽤 많은 책을 읽었고, 그때마다 내가 몸담고 있는 학교의 모습이 답답하고 안타까웠다. 그래도 학교가 바뀌는 꿈을 포기하지는 않았다. 학교 현실이 답답할수록 책을 읽으며 겨우 숨 쉬고 버텼다. 그런데 우리가 오랫동안 꾼 꿈을 현실로 만들자는 제안을 받자 망설여졌다. 책에서 본 미래는 멋있었지만, 정작 현실에선 어려움을 뚫고 꿈꾸던 미래를 만들어 갈 용기가 부족했던 것이다. 내 책 읽기가 엉터리였다는 사실을 뼈저리게 느꼈다. 어쨌든 교장 선생님은 몰이해와 비웃음과 방관 속에서도 화두를 던지듯 새로운 학교의 모습을 차근차근 꾸준하게 꺼내 놓았다.

그렇게 1년이 지나가는 사이, 신기하게도 교장 선생님의 뜻에 공감하며 우리도 한번 해 보자는 움직임이 조금씩 일어나기 시작했다. 그러자 학교는 생각이 다른 두 집단의 갈등으로 더욱 불안정해졌다. 여전히 나는 교실에서 자습을 하며 침묵을 지켰고, 학교의 갈등 상황과는 거리를 두며 생활하고 있었다.

다음 해 나는 이전 해에 가르친 아이들을 따라 고3 담임을 맡게 되었다. 아주 조금이나마 학교에 이런저런 변화의 시도가 있었고, 딱 그만큼 학교는 더 혼란스럽고 어수선했다. 교장 선생님과 함께 새로운 학교를 만들겠다고 나선 선생님들이 어느새 예닐곱 명으로 늘어났고, 학교가 변하기 위해 시도한 여러 노력을 혼란만 부추기는 일로 여겨서 반대하던 선생님들의 목소리도 점점 높아졌다. 그래서 교직원들이 다 모이는 '공감의 시간'에는 늘 팽팽한 긴장감이 흘렀다. 2014년 여름쯤이었던가? 교장 선생님께서 부산시교육청에서 추진하는 혁신학교(그때는 다행복학교라는 이름 대신 혁신학교라고 불렀다.) 공모에 지원해 보겠다는 뜻을 밝히자, 두 세력 간의 갈등은 걷잡을 수 없이 깊어졌다.

사실 나는 혁신학교 준비팀을 꾸리기 직전까지도 혁신학교 응모는 시기상조라 판단하고, 교장 선생님께 내년에 사람을 좀 더 모아서 추진하면 어떻겠냐고 말씀드렸다. 그러나 교장 선생님의 결심은 확고했다. 나도 준비팀에 합류하는 것 외에 다른 선택지가 없었다. 차라리 준비 과정은 쉬웠다. 어차피 한번 도전해 보겠다는 사람들끼리 모였기 때문에 혁신학교의 밑그림을 그리는 작업은 생각보다 수월했다. 우리는 다른 선생님들을 설득하기 위해, 비록 내용이 조금 엉성해도 생각이 다른 선생님들과도 함께해 보겠다는 진심을 담으려고 노력했다.

전체 교직원들에게 혁신학교 제안서를 설명하는 역할이 나에게 맡겨졌다. 지금까지 대체로 방관했던 내 태도가 오히려 다른 선생님들을 설득하는 데 도움이 될 거라 판단한 것이다. 제안 설명을 누가 한다고 해서 결과가 크게 달라지기야 할까마는, 그래도 소심한 당사자의 마음은 그렇지가 않았다. 혁신학교 지원 여부를 가리기 위한 전체 교직원 찬반 투표를 앞둔 며칠 동안 불안한 마음을 가눌 길이 없어 선생님들께 편지를 썼다.

선생님, 주말 잘 보내셨습니까?

…… 지금 우리 현실은 모두가 공감하듯이 생활 지도에 문제가 있습니다. 선생님께서는 지금 이 난관을 어떻게 넘으시겠습니까? 혁신학교가 아니라면, 혁신학교의 방향이 틀렸다면, 우리 학교를 일으켜 세우기 위해서 어떤 고민을 하고 계신지 머리를 맞대고 지혜를 모았으면 합니다. 저는 혁신학교가 어떤 정해진 목표나 방향이 있는 게 아니라, 학교 구성원인 우리 모두가 '내 학교'라는 마음으로, 함께 고민하면서 현재의 문제를 풀어 가는 학교라고 생각합니다. 그래서 혁신학교로 가는 과정에 모든 선생님의 지혜가 절실하게 필요합니다.

혁신학교에서 생활 지도는 어떻게 할 거냐고 물으십니다. 저는 지금 우리 학교의 생활 지도 문제가 울타리가 너무 '넓은 것'이라기보다는 울타리가 '없는 것'이라고 생각합니다. 울타리의 경계가 없으니 학생들이 행동할 수 있는 범위가 분명하지 않습니다. 내년부터는 우리 선생님들과 학생, 학부모님의 의견까지 반영해서 새로운 '울타리'를 엮는 일을 하고 싶습니다. 학생들이 생활할 울타리를 어디서부터 어디까지 칠지 함께 정하고, 넘어가지 못하도록 보다 튼튼한 울타리를 짓는 겁니다. 그리고 울타리를 넘어서는 학생들에게는 따끔한 지적도 필요하다고 생각합니다.

　어디까지 울타리를 세울까 하는 논의도 물론 중요하지만, 우리가 세운 울타리를 어떻게 관리할 것인가가 훨씬 중요하다고 봅니다. 그 울타리를 튼튼히 유지하고 관리하려면 우리 모두의 관심과 정성이 필요하지 않겠습니까? 선생님들께서 그런 관심과 정성을 쏟으시려면 우리의 첫 출발부터 함께해야 한다고 믿습니다. 울타리를 치고 관리하는 과정에서 함께 지혜를 모으기도 할 테고, 때로는 치열한 논의도 있을 것입니다. 그 모든 진통 과정도 다 환영합니다. 왜냐하면 우리가 함께 세우고 관리한다면 그 튼튼한 울타리는 함부로 흔들리지도, 쉽게 무너지지도 않을 것이기 때문입니다. 튼튼한 울타리를 함께 만드는 일에 선생님의 지혜가 꼭 필요합니다.

　사실, 지금 이렇게, 약간은 진지하고 무겁게, 아주 큰일이 일어날 것처럼 말씀드렸어도, 정작 내년에 아무 일도 안 일어날지 모릅니다. 아직 우리가 어떤 길로 가야 할지 정해진 게 없으니까요. 그래도 뭐 어떻습니까? 선생님께서 다 함께 가시자고 하는 길이 옳은 길이라고 생각합니다.

　이 가을, 늘 행복하시기를 빕니다.

2014년 10월, 이주형 올림

　며칠 후 혁신학교 준비팀에서 마련한 혁신학교 제안서를 발표했고, 결과를 전혀 예측할 수 없는 상황 속에서 전체 교직원이 투표를 했다. 결과는, 찬성 59.6퍼센트. 다행스럽고도 아쉬운 결과였다. 조금 더 노력해서 3분의 2 이상의 찬성표를 얻었으면 좋았겠다 싶다가도, 바닥에서 시작해서 여기까지 왔구나 싶어 뿌듯하기도 했다. 이제 혁신학교가 무엇인지도 잘 몰랐던 여러 선생님들의 마음을 얻어 혁신학교를 시작해 볼 수 있게 되었다.

우연인지 필연인지 2014년 그 학교에, 혁신적인 마인드로 교사들에게 늘 놀라운 비전을 제시해 주신 교장 선생님, 정말 셀 수 없이 선생님들을 만나고 설득하러 다니신 교감 선생님, 그리고 용감하고 지혜로운 몇 분의 선생님들이 한자리에 있었기에 부산에서도 혁신 고등학교가 첫발을 내디딜 수 있었다.

part 2. 다행복학교에서

2016년 12월, 파란만장했던 4년의 근무 기간을 마치고 학교를 옮기려고 했지만, 여러 가지 사정으로 인해 다시 학교에 남게 되었다. 다행복학교를 시작하고 처음 2년 동안은 내 몫의 작은 일에 허덕이느라 힘들었지만, 준비에서 시작, 그리고 자리를 잡아 가는 과정에서 배우는 게 참 많았다. 특히 부산에서 처음 시작하는 다행복학교를 위해 부임해 온 여러 선생님들은 나에게 신선한 자극을 주는 '동료'이면서도, 새로운 가르침을 주는 '선생님'이기도 했다. 뛰어난 수업 역량, 변화를 두려워하지 않고 도전하는 정신, 늘 학생들에게 헌신하는 자세, 학교에 대한 주인 의식으로 무장한 일군(一群)의 교사들이 우리 학교를 크게 변화시켰다. 기존에 계시던 선생님들도 열린 마음으로 새로운 변화에 발맞추어 움직이면서 학교 분위기가 완전히 바뀌었다. 학생들과 학부모들도 달라진 학교에 금방 적응하고 호응했다. 교육 주체들 간의 이해와 관계 밀착도가 지금까지 경험한 어떤 학교보다 높았다. 준비할 때 꿈꾼 다행복학교의 모습 그대로였다.

자잘한 시행착오와 소소한 갈등을 겪으면서도 한 해 두 해 놀랍게 발전해 가는 다행복학교의 모습을 가까이에서 지켜보는 것은 행복한 일이었지만, 태생적으로 안주하기를 좋아하고, 자주 회의(懷疑)에 빠지는 나에게 그 2년은 정신적으로 에너지를 크게 소진하는 시간이기도 했다. 그래도 한 해 더 학교에 남고자 했던 이유는 교사로서 이 학교에서만 경험해 볼 수 있는 무언가가 아직 남아 있다는 생각 때문이었다.

그해 8월에 새로 오신 교장 선생님께서 나에게 아직 지원자가 없는 학생부를 맡아 달라고 부탁하셨다. 정말 의외였다. 학교에서 근무해 보면 딱 봐도 학생부 교사와는 거리가 멀어 보이는 교사들이 있는데, 내가 바로 그런 타입이었다. 교사로 18년 동안 학교에 있으면서 나는 학생부에서 근무해 본 적이 한 번도 없었다. 내가 자원했다면 일해 볼 수는 있었겠지만, 딱히 학생부를 자원해서 갈 마음도 없었고, 학교에서도 학생부 선생님을 모시기 어려운 해마저도 나에게 제안하는 경우가 없었다. 이런 무경험 교사에게 학생부를 맡아 달라는 말씀을 하시다니, 더구나 부원도 아닌 부장을! 학교 일은 다 거기서 거기라는 얄팍한 생각으로, 맡기면 하지 무슨 일이든 못하겠냐는 태도로 생활하던 터라, 차마 못하겠다는 말은 하지 못하고 학생부장을 맡았다. 부서원이 두 명뿐이라 학생부의 일상 업무를 처리하기도 힘들겠지만, 올해는 대토론회가 예정되어 있어서 더 힘든 한 해가 될 것이 확실했다. '아, 학교를 옮기는 게 나았으려나? 어쩌면 올 한 해 나도, 학교도, 다 망하겠구나.' 싶었다. 학생부에 대해 아는 것도 해 본 적도 없는 그야말로 생초보 학생부장에, 이틀은 다른 학교로 순회를 다니시는 선생님과 퇴직을 눈앞에 둔 원로 선생님이 학생부에 배정되었다.

부서 조직을 끝내고 학생부 업무를 대충 파악해 보니, 우리 학교에서는 학교 폭력 사건이 제법 있었다. 흡연이나 장기 결석으로 선도 위원회도 가끔 열렸고, 교권 침해 사례도 매년 두어 건 정도는 있었다. 등굣길 교통안전 지도, 아침맞이, 점심시간 급식 질서 지도, 학생증 제작, 청소용품 지급, 금연 지도, 학업 중단 학생 관리, 학생회 운영, 주말 지각생 사제동행 교육, 교복 물려주기, 교내 봉사 활동 등록 같은 일도 학생부가 일상적으로 맡아 온 업무였다.

다행복학교 관련하여 학생부에서는 회복적 생활교육이나 학년 생활 위원회 운영을 지원하고, 이미 만들어진 생활 협약 개정과 운영을 맡고 있었다. 또 학생 자치 학교 운영을 비롯한 학생회 활동이 활발하게 일어날 수 있도록 돕고, 학교 전체 구성원들이 모여 토론과 투표로 학생 생활 규칙을 바꾸는 대토론회의 운영도 맡고 있었다.

그중에서도 2년에 한 번씩 열리는 대토론회는 교사, 학생, 학부모가 모두 참여한다는 점에서 학교의 가장 큰 행사였다. 세 주체가 모여서 학교의 교육 방침을 직접 결정한다는 점에서 학교 자치의 상징이었으며 학교 내 직접 민주주의를 실천하는 제도였다. 평소 수업에서 글쓰기와 토론을 강조해 온 우리 학교의 상황으로 볼 때 학교의 교육 성과를 가늠해 볼 수 있는 중요한 기회이기도 했다.

그러나 교사, 학생, 학부모들이 희망하는 토론 주제가 다양해서 논제를 정하는 것부터가 쉽지 않았다. 원칙적으로 대토론회에서는 학교의 모든 교육 활동에 대한 논의가 다 가능했지만, 학생들은 주로 교칙 개정에 관심이 컸다. 예를 들면, 등교 시간을 정하는 것, 사복 등교를 허용하는 것, 교내에서 휴대 전화를 수거하는 것, 용의 복장 규칙을 정하는 것, 특별 교육 활동인 아침 글쓰기 교육에 대한 것 등이다. 그래서 학생들은 대토론회 진행 과정에 열심히 참여했다.

대토론회라는 게 정해진 형식이 있다면 지난번 일정을 참고해서 준비하면 될 텐데, 대표자들의 토론을 보고 투표로 결정했던 다행복학교 첫해의 형식은 3년 차인 지금에 와서는 유효하지 않은 방식이었다. 지난 3년 동안 꾸준히 학교의 민주적 의사 결정 역량을 키웠고, 학생들의 토론 능력과 민주 시민 역량을 확인하기 위해서라도 지난번보다 조금 더 나은 방식이 필요했다. 무엇보다도 '대토론회'라는 이름에 걸맞게 학교의 모든 구성원들이 토론을 통해 의견 차이를 좁혀 나가는 경험이 필요하다는 요구가 있었다.

그러나 1학기에는 수업과 학생부 업무에 적응하느라 도저히 다른 생각을 해 볼 틈이 없었다. 손도 못 댄 대토론회 준비 때문에 시간이 갈수록 낭떠러지로 한 걸음씩 떠밀리는 느낌이 들었다. 이러다 방학이 되고, 2학기가 되면 빈손으로 대토론회를 맞이하는 최악의 상황이 벌어지는 게 아닐까 싶었다. 마음은 불안한데 능력이 부족하니, 준비하느라 애는 써도 성과가 더뎠다. 1학기 말, 어떤식으로든 첫발은 떼야 한다는 절박한 심정으로 대토론회에 대한 구상을 담은 초안을 발표했다.

새로운 토론의 틀을 준비하는 것은 쉬운 일이 아니었지만, 첫발을 떼자 일이 어떻게든 굴러가는 느낌이었다. 7월에 발표한 초안을 중심으로 여러 차례 토론을 거쳐, 어떤 틀로 토론회를 운영할지 방식과 형태를 정했다. 다음으로는 토론 주제를 정해야 했는데, 그 두 달 동안 이해관계가 다른 사람들의 의견을 묶어 낸다는 것이 얼마나 어려운지 체감할 수 있었다. 갈등 상황의 중심에서 이견을 조정하고 상대방을 설득하는 경험이 많지 않았던 나에게 이 과정은 무척 어렵고 힘들었다. 평소에 신뢰가 두터웠던 어떤 분이 어처구니없는 주장을 끝까지 고집해서 내 마지막 남은 영혼까지 탈탈 털리기도 했고, 어떤 날에는 독설가들이 쏜 독침에 맞아 혼자서 가슴앓이도 했다.

토론 주제가 결정되고 나서도 꽤 바빴다. 교사, 학생, 학부모가 참여하는 토론 모둠을 구성하고, 교실에서 토론을 진행할 삼십여 명의 사회자들을 미리 교육하고, 토론 전에 함께 볼 발제 영상을 만들고, 각 주체별로 다른 투표용지도 인쇄하고, 기표소 등 투표 도구를 빌리고, 학부모님들께 대토론회 참가를 부탁하는 안내문을 보내고, 토론회 운영 시나리오도 작성했다.

대토론회가 열리던 날, '등교 시간을 정하는 것'과 '휴대폰 관리를 자율에 맡기는 것', '체육복 등교를 허용하는 것'이라는 주제를 두고 교실에서 모둠별로 치열한 토론이 있었다. 이후 토론에 참가한 모든 교사, 학생, 학부모가 강당에 모여서 각 모둠에서 나온 토론 내용을 발표하고 공유했다. 이어서 토론에 참가한 모든 사람들이 각 주제에 대해 찬반 투표를 했다. 세 주제 모두 주체별로 투표 결과가 비슷하게 나왔다. 한 주제에서 학생의 찬성 비율이 높으면 교사와 학부모도 정도의 차이는 있지만 찬성 비율이 높았고, 다른 주제에서 학생의 반대 비율이 높으면 교사와 학부모도 반대 비율이 높았다. 이런 면에서 토론 진행과 투표 결과가 세 주체 모두를 만족시키는 방향으로 흘러갔다고 볼 수 있었다.

대토론회가 무사히 끝났다. 금요일 점심시간에 시작해 2차 투표까지 끝나고 자리에 앉으니 어느덧 저녁 6시가 넘었다. 많은 선생님께서 개표 상황을 보시느라 퇴근도 늦추셨고, 몇 분은 아예 교무실에서 저녁을 드실 요량으로 김밥을 주문해 놓으셨다. 선생님들이 불러서 식사 자리에 앉았으나, 그동안 긴장했던 탓인지 영입맛이 없었다. 그러나 저녁 식사 분위기는 아주 화기애애했고, 나도 몇 달간 준비한 토론회가 무사히 끝나서 좋았다.

여러 선생님들이 이번 대토론회를 지켜보면서 우리 학교의 교육적 성과를 확인하고 자신감이 생겼다고 말씀해 주셨다. 학생들이 토론하고 발표하는 모습을 보고, 우리가 제대로 가르치고 있고 학교가 올바른 방향으로 나아가고 있다고 말씀해 주신 분도 있었다. 이런 말을 들으니 지난 몇 달간 고생은 좀 했지만, 그래도 다행복학교에 작은 기여를 한 것 같아서 진심으로 기뻤다.

part 3. 다시 다행복학교로

새 학교로 옮기자마자 자율 휴직을 하기로 했다. 전보 가기 마지막 해 여름부터 해 온 생각인데, 쉬지 않고서는 새 학교에서 예전처럼 힘을 쏟을 수 없을 것 같았다. 정기 전보로 원하던 새 학교에 부임했고, 미안했지만 곧바로 자율 휴직을 하고 1년 동안 푹 쉬었더니 몸도 회복이 되고 마음도 조금씩 뜨거워졌다. 이제 진짜 새로운 도전의 시간이라는 생각이 들었다.

복직한 새 학교에서는 3학년 담임을 맡으며, 다행복학교에서 배운 대로 우리 반 학생들과 하고 싶은 일을 마음껏 했다. 텃밭을 만들고 채소를 키웠고, 매주 강변을 걸었고, 동네의 역사를 함께 배웠고, 학교 앞 마을 카페에 앉아 두런두런 이야기도 자주 나누었다. 여름에는 직접 키운 채소를 뜯어 고기와 함께 먹었다.

이즈음 지역 도시 재생 센터와 끈이 닿아 어떻게 마을 속 학교가 될 수 있을 것인가를 두고 논의를 거듭했다. 계획을 세울 때는 설레었고, 같이 할 때는 기분이 좋았고, 하고 나니 보람이 느껴졌다. 그러나 딱 거기까지였다. 어느 날 문득 생각해 보니, 나는 혼자서 용을 쓰던 다행복학교 근무 이전의 모습으로 다시 돌아가 있었다.

새 학교에서 만난 선생님들도 다들 좋은 분들이고, 자기 몫의 일을 참 열심히 했다. 각자가 자기 방식대로 애쓰고 있었다. 하지만 어쩐지 그 힘이 하나로 모이지 않는 것 같았다. 학교라는 배가 앞으로 나아가지 않고 그 자리에 떠 있는 듯한 느낌이 들었다. 그 이유에 대해 곰곰이 생각해 보니 리더 자리가 비어 있어 그런 듯했다.

새 학교에서 '다모임 시간'이라는 말을 들었을 때, '아! 다행복학교가 일반 학교에도 영향을 끼치고 있구나.' 하는 생각이 들었다. 그런데 다모임 시간의 공기가 좀 이상했다. 뭔가 착 가라앉아 있는 분위기라고 해야 하나? 딱 십여 년 전 교무 회의, 바로 그 분위기였다. 다행복학교의 다모임에는 특유의 긴장감이 있다. 다모임의 주제에 따라 다르기는 하지만, 내 의견을 여러 사람 앞에서 말해야 할지도 모른다는 불안함, 또는 치열한 논쟁을 치르거나 들어야 한다는 불편함, 가끔은 결말 없이 소모적인 시간을 보낼 때 드는 피곤함 같은 것인데, 새 학교의 다모임엔 그런 것이 없었다. 정말 이 다모임이 자신의 학교생활에 영향을 끼친다고 생각하는 사람이 단 한 사람이라도 있을까 싶었다. 이 모임엔 긴장감이 없어서 의미도 없었다. 어쩌면 의미가 없어서 긴장감이 없는 것인지도 모르겠다.

복직한 지 딱 100일째 되던 6월의 어느 토요일이었다. 3학년 담임이라 출근을 하고 보니, 마침 교감 선생님이 와 계셨다. 그때까지 교장, 교감 선생님 누구에게도 싫은 소리를 들은 적도, 싫은 소리를 한 적도 없이 평온하게 지내고 있었지만, 그날은 작심하고 지금까지 내가 느낀 학교의 문제의식을 조목조목 말씀드렸다. 아마 교감 선생님께서는 토요일에 근무하러 나왔다가 나의 여러 가지 요구와 제안에 적잖이 당황하셨을 것 같다. 그때 내가 드린 말씀의 핵심은 리더로서 학교의 비전을 보여 달라는 것이었다. 선생님들의 노력이 성과로 나타날 수 있도록 관리자의 리더십을 발휘해 달라고 부탁드렸다. 당시 교장 선생님은 그해 8월 말에 퇴직하시는 특수한 상황이었기에 어쩔 수 없이 교감 선생님께 말씀드렸던 것이다.

안타까웠지만 이후에도 학교 상황은 달라지지 않았다. 관리자들도, 선생님들도, 나도 그대로였다. 나는 봄에 심었던 채소를 가꾸었고, 수업을 하면서 입시 상담을 하고, 아이들이 쓴 자기소개서를 읽으면서 바쁘게 보냈다. 특별한 일이 없다면 내년에도 이런 생활이 반복될 게 분명했다. '여기서 행복하게 지낼 수 있을까? 교사로서 더 성장할 수 있을까?' 하는 고민이 깊어졌다.

가을, 근처의 고등학교가 다행복학교로 새롭게 지정되었다는 소식이 들려 왔다. 열정 가득한 선생님들이 다행복학교 지정을 위해 애쓰고 있다는 얘기는 자주 들었는데, 이번에 드디어 지정을 받은 것이었다. 저렇게 여러 사람이 현실에 안주하지 않고 변화하기 위해 노력한다는 사실에 나는 부끄러워졌다. 나는 이곳에서 별다른 노력 없이 자꾸 상황만 탓하며 주저앉으려는데, '저 학교는 이제 새롭게 변하겠구나!' 하는 생각이 들어 부러웠다. 마침 그 학교에서 초빙 교사 공고가 났고, 고심 끝에 응모했다. 근무하던 학교에는 1년 만에 자리를 옮기게 돼 미안했지만, 교사로서 더 성장하면서 행복하게 지내고 싶다는 개인적 열망이 더 컸다.

2020년 3월, 새로 부임한 다행복학교에서 근무를 시작했다. 익숙하기도 하고, 낯설기도 한 다행복학교 풍경. 코로나19 때문에 선생님들과 함께하는 활동도 어렵고, 담임으로서 우리 반 신입생을 직접 만난 것도 꽃이 지고 한참 뒤였지만, 그래도 무엇인가를 새롭게 시작해 보려는 학교 분위기는 이어지고 있었다. 새롭게 시작하는 아이들과 오래도록 그 새로움을 만끽하고 싶다.

수십 년을 같은 자리에서 꽃을 피워도 해마다 새로운 꽃을 피우는 꽃나무처럼, 그렇게 오래도록 다행복학교에서 꽃을 피우며 지내고 싶다.

2

함께 꾸는 꿈

배우고 때로 익히면 또한 기쁘지 아니한가

조향미

논어를 읽는 시간

몇 년 전, 고3 학생부 종합 전형을 준비하던 때다. 여름 방학부터 몇 차례에 걸쳐 자기소개서를 봐준 뒤 추천서를 쓰려고 아이와 이야기를 나누고 있었다.

"논어 첫머리에 나오는 말 알지?"

"아니요."

"내가 너하고 3년을 지냈는데, 그걸 안 가르쳤던가? 학이시습지, 불역열호(學而時習之 不亦說乎). 배우고 때로 익히면 또한 기쁘지 아니한가."

"아!"

아이의 입에선 탄성이 나오며, 활짝 웃는다.

"왜?"

"너무 맞는 말이라서요."

실망감은 순식간에 사라진다. 논어를 통째로 달달 외워도 공감하지 못한다면 무슨 소용이랴. 중요한 것은 배움을 향한 살아 있는 마음이다. 이런 대화를 소개하는 것으로 추천서 서두를 열었다.

학창 시절 나도 논어 몇 구절을 좋아했다. 궁금한 것이 많았고 새로운 것을 알아 가는 기쁨이 컸던 시절이었다. 한번은 국어책 각주로 나온 한 구절 '조문도 석사가의(朝聞道 夕死可矣), 아침에 도를 들으면 저녁에 죽어도 좋다.' 이 구절에 몰입하여 선생님의 수업 진도를 따라가지 못하기도 했다. 도가 뭐기에 죽어도 좋을 만큼 알고 싶단 말인가. 그런 진리란 게 정말 있을까? 진실로 그렇다면 나도 그 도를 알고 싶다. 헛된 것만 좇다가 죽을 것이 아니라 진짜를 알고 살아야지.

작년 가을, 1학년 창체 수업에 들어가서 나는 왜 공부하는가, 공부란 무엇인가를 주제로 글을 써 보라고 했다. '이 우주가 우리에게 준 두 가지 선물, 사랑하는 힘과 질문하는 능력'이라는 메리 올리버의 시구를 인용하여 두어 시간 강의를 한 뒤였다.

"자신이 왜 공부를 하고 있는지 의미는 알아야겠지? 그동안 생각해 보지 않았다면 글을 쓰면서 고민해 보렴."

온·오프라인 수업을 반복하고 있었지만 고교 생활이 어느 정도

익숙해졌을 때였다.

"내가 수업을 빌려서 들어온 이유는 너희를 개별적으로 알고 싶어서야. 학생들을 잘 알아야 학생들이 원하는 학교, 학생들에게 맞는 학교를 만들 수 있으니까. 그러니까 솔직하게, 정성껏 써 줘."

종이를 받아서 금방 쓰기 시작하는 아이가 있는가 하면 한참 동안 백지 앞에 엎드려 있다가 서너 줄을 겨우 써내는 아이들도 있었다.

초등학교 6년, 중학교 3년 동안 공부를 해 왔다. 왜 공부를 해야 하는지 생각해 보지 않은 채 그저 해야 하니까 했다. 고등학교 와서는 대학을 목표로 공부를 하고 있지만 무슨 대학이 가고 싶은지 또 어느 과를 가면 좋을지 정하지 못했다.

처음 입학할 때는 대학교를 가기 위해, 중반쯤에는 사회성과 행복감을 가지기 위해 학교를 다녔다. 그런데 지금은 내 학교생활의 목표가 무엇인지 잊어버린 거 같다. 공부도 중요하지만 학교 다니는 목표가 무엇인지 먼저 알아내는 것이 중요하다는 생각이 든다.

보통 이런 내용이었다. 목표도 꿈도 없이 그냥 하라니까 꾸역꾸역 수업 시간을 버티는 아이들이 적지 않았다.

고등학교에 와서 시간이 남을 때 짬을 내어 책을 읽으면 샘에 다시 물이 차오른다. 감동하고 공감하며 눈물을 흘릴 수 있게 된다. 책을 읽고 체험을 하며 식견을 쌓는 일은 나에게 활력과 감정, 생각할 수 있는 힘을 준다. 힘든 현실에서 벗어나 이상의 세계, 또는 감정의 세계에 빠지는 것은 얼마나 아름다운 일인가? 책에는 수십 세기 동안의 인간의 노력, 애정, 생각, 철학, 아름다움이 그대로 녹아 있다. 그것들이 모두 우리에게 녹아드는 것만큼 큰 행복과 축복이 있을까?

이런 감수성과 지적 호기심은 타고나는 것일까? 의욕과 열정 없이 그저 졸업장을 따기 위해서, 대학이란 데를 가기 위해서 재미없는 공부를 억지로 한다면, 학교를 과연 모든 아이의 성장을 돕는 곳이라 할 수 있을까?

코로나19로 인해 휴업, 온라인 수업, 등교 수업, 다양한 형태로 학사 일정을 운영하며 학교의 역할에 대해 새로이 성찰하고 발견하게 되었다. 학교가 단순히 지식 전달 이상의 가치를 갖는 공간이라는 데에 많은 사람이 동의하고 있다. 학교는 아이들에게 거의 유일한 공적 공간이다. 학과 공부가 아니더라도 사회화의 공간으로서 학교는 매우 중요하다. 다행스러운 것은 코로나19가 학생들 스스로도 학교의 의미를 자각하게 하는 계기가 되었다는 점이다. 학교는 지식 전수 이전에 관계의 공간이었음을, 혼자 공부하는 것보다 함께 공부하는 것이 즐겁다는 것을 발견해 갔던 것이다. 친구랑 어울려 노는 것이 얼마나 행복한 일인지, 그것이 곧 인간관계 능력을 키우는 소중한 공부라는 것을 깨달았다.

하지만 등교를 하고도 모둠 수업을 활발히 못하니 수업에서 뒤처져 엎드려 있는 학생들을 종종 발견했다. 수업과 동떨어져 있는 아이들은 공부에 열패감을 맛보게 된 순간부터, (그게 초등학교 시절일 수도 있다.) 공부란 내가 할 영역이 아니라고 체념하고 만다.

수업 시간, 어떻게든 학습지를 쓰게 하고 수행 평가 과제를 몇 번이나 독촉해서 받고, 그렇게 애를 쓰지만 그래도 안 되는 아이들은 포기하고 만다. '할 수 없지. 학교에 와서 친구랑 놀다 가는 것도 의미는 있겠지.'라고 생각하면서. 그런데 친구랑 놀기라도 하면 다행이지만, 그것도 잘 안 되는 아이들이 있다. 이들의 삶에서 학교란 무슨 의미일까? 학교가 없던 시대에는 청소년기에 뭐라도 하면서 살아가는 기술을 익혔다. 학생이라는 이름 뒤에서 마냥 무기력하게 보내진 않았다. 어떤 아이들에게는 학교가 오히려 배움을 가로막는 벽일 수도 있다.

한 명의 아이도 배움에서 소외시키지 않는다

혁신학교는 배움에서 도주하는 아이들, 수업 시간에 자거나 소란을 피우는 아이들, 이른바 '교실 붕괴'에서 시작되었다. 지식만 전달하는 수업이라면 굳이 학교에서 안 해도 된다. 더 좋은 환경에서 더 잘 가르치는 학원도 있고, 집에서 인터넷 강의를 들으며 혼자 공부할 수도 있다.

몇 년 전, 고3 교실에 들어가면 학생들 태반이 엎드려 자고 있었다. 깨어 있는 몇 명의 아이들에게 문제 풀이 수업을 하고 나올 때는 얼마나 참담하던지. 이러면서 월급을 받고 살아야 할까, 그 시간에 청소라도 했다면 돈 버는 게 떳떳했을 것 같은데. 해설집만 봐도 알 수 있는 문제 풀이를 나 혼자 떠들고 나오면 자괴감으로 무릎이 꺾였다. 반면 1학년 학생들과 책 읽고 토론하고 글 쓰는 다른 수업에선 힘이 났다. 고3인데 어쩌겠나, 입시 탓을 했지만 부끄러움은 어쩔 수 없었다.

그러다 부산의 혁신학교, 다행복학교에 초빙되었다. 초빙이라는 제도를 처음 이용하며, 의욕적으로 모인 동료들과 오랫동안 꿈꿔 오던 학교를 제대로 만들어 보고 싶었다. 적어도 애들을 엎드려 자게 하지는 말자며 학생 참여 수업을 확대하고 갖가지 프로그램을 짰다. 수업을 교사 개인의 영역에서 공적 차원으로 자리매김하기 위해 교사 학습 공동체를 꾸리고 자발적 수업 공개와 협의회를 이어 갔다. 이런 활동이 처음은 아니었다. 학교 밖에서 오랫동안 수업 연구 모임을 해 왔고, 고3 수업만 아니면 독서와 글쓰기, 모둠 토의, 토론, 연극 같은 다양한 수업을 시도했다. 학교 안에서 교사 독서 모임도 꾸준히 해 왔다. 그래도 다행복학교는 달랐다. 혼자 혹은 마음 맞는 동료 몇이서 시도하는 차원이 아니었다. 학교 전체가 수업 혁신, 교사 문화 혁신을 기치로 내걸었다. 나 혼자 고민할 때와는 차원이 달랐다. 이런 문화를 불편해하는 교사들도 있었지만 그래도 혁신을 지지하는 동료들이 더 많았다. 학교 전체에 변화가 일어났다. 학생들의 생활과 학습 태도가 바뀌는 것을 보고 동참하는 교사가 늘어났다.

교사들을 가장 힘들게 하는 것은 배울 의욕이 없는 학생이다. 일찍 자신감을 잃어버리면 애써도 따라가기 어렵다. 성적은 열패감만 준다. 학생들은 패배만 하는 경기는 더 하고 싶지 않으니, 학교에 앉아 있는 시간이 아깝다고 말한다. 점수와 등급으로 학생을 평가하면 승리자보다 패배자가 더 많을 수밖에 없다. 그러니 무기력이 이 시대 청소년의 트렌드가 되는 것도 당연하다.

점수 따기 경쟁은 공부와 삶을 연결 짓지 못한다. 성적이 낮아도 스스로 배우고 있다는 것, 발전하고 있다는 것을 자각한다면 무기력하게 도피하고만 있진 않을 것이다. 학령 인구가 무서울 정도로 줄고 있다. 너 싫으면 관두라고 버려둘 아이가 없다. 잘하는 아이 몇몇만 끌고 가도 괜찮은 시대가 아니다. 학교를 다닐수록 열등감과 패배감만 키우는 교육을 지속할 순 없다. 공부에 대한 관점이 변해야 하고, 가장 먼저 수업 방식이 바뀌어야 한다. 경쟁 사회 타파, 직업 차별 철폐 같은 사회 개혁이 우선이겠지만, 세상이 안 바뀐다고 학교가 손 놓고 있을 수는 없다.

학생들이 공부를 승패가 아니라, 발전하고 성장하는 과정으로 인식하게 하려면 학생 개개인에 맞춘 지도가 필요하다. 한 명 한 명의 갈증과 요구에 응답하는 교육이 되어야 한다. 바로 우리 다 행복학교가 지향하는 모습이다. '한 명도 배움에서 소외시키지 않는다.'는 기치를 내걸고 배움이 힘든 학생들을 특별히 지도하고 있다. 예전에 해 오던 보충 수업과는 다르다. 긍정적인 변화를 끌어내는 배움이 되려면 가르치는 사람과 좋은 관계가 형성되어야 한다. '돌봄 프로그램'은 학습과 생활면으로 나뉘는데, 학년 교과 위원회에서 대상 학생을 선정하면, 서로 원하는 학생과 교사가 멘티-멘토가 된다.

수업 시간과 별도로 쉬는 시간, 점심시간, 혹은 방과 후 시간을 이용하여 교사들은 다양한 방식으로 아이들을 만났다. 일대일 만남, 서너 명 소그룹, 일고여덟 명 중그룹. 독서를 싫어하던 아이들과 한 학기 동안 주당 1시간씩 『어린 왕자』를 읽으며 소감을 나누는 수업을 했다. 후배 선생님은 청소년 소설을 함께 읽고 마지막 시간엔 짜장면을 먹으며 즐겁게 책거리를 했다고 행복해했다. 이런 시간을 통해서 아이들은 조금씩 공부에 재미를 붙여 갔다. 처음엔 내키지 않아 하며 건성으로 오가다가 수업이 진행되면서 조금씩 마음을 열었다. 학교가, 선생님들이 자신들을 존중하고 애정을 쏟고 있다는 것을 느끼면, 늘 엎드려 있거나 짜증을 내던 아이들도 표정이 밝아졌다. 수줍어하면서 발표를 하고 흥미롭고 감동적인 글도 써냈다.

모든 아이의 내면에는 눈부신 빛이 있다

'돌봄 프로그램'이라는 개별화 수업을 하면서, 한 인간의 내면에 숨은 다양한 가능성을 그동안 제대로 발굴하지 못했다는 자각이 들었다. 금광을 품은 아이를 말썽꾸러기라고 치부하고 넘어간 적이 얼마나 많았던가. 금방 빛이 드러나는 아이들이 있지만 오랜 시간 공들여 찾아야 하는 아이들도 있다. 오랜 상처와 좌절이 금맥을 켜켜이 덮어 버린 것이다. 표준화된 교육은 저마다 숨겨 놓은 빛을 발견하지 못하게 한다.

3년 내내 머리를 빨갛게 물들이고 치어리더 활동을 하며 춤추기를 좋아하던 아이가 있었다. 늘 웃는 얼굴의 쾌활한 소녀였지만 공부에는 흥미가 없었고 성적도 낮았다. 툭하면 복장 위반으로 학생부에서 훈계를 받았지만 나는 별로 나무라진 않았고, 그냥 '넌 나중에 헤어 디자이너가 되면 좋겠구나.'라는 말을 했었다. 녀석이 졸업하고 칠팔 년 뒤 스승의 날, 교무실로 커다란 과일 바구니가 배달됐다. 편지와 함께 보낸 사진 속에 한 무리의 남자 중학생들이 활짝 웃고 있었다. 그리고 옆에 서 있는 여선생님은 내가 고1 때 담임을 맡았던 그 빨강머리 소녀였다! 며칠 뒤 직접 찾아온 그 제자의 이야기를 들으니 멋진 체육 교사가 되었다고 했다. 그 애의 넘치는 생기(生氣)가 뒤늦게 공부로 몰려 엄청난 집념을 발휘하였다는 이야기는 놀라웠다. 고1 때 우리 반에서 만든 학급 문집이 좋았다며, 자기 반의 학급 문집을 들고 왔는데, 청출어

람이었다.

정말 착하고 성실했지만 학습 능력이 좀 낮았던 아이가 있었다. 독서와 글쓰기로 한 학기 동안 '돌봄 수업'을 했는데, 첨삭 지도를 하면서 보니 딱할 정도로 글이 엉망이었다. 다른 아이들과 글을 돌려 보며 한 문장 한 문장 수정을 해 주었으나, 얼마나 나아질 수 있을까 미심쩍었다.

불행은 불신에서 온다. 씨앗을 심을 땐 과연 이게 싹이 날까 의심스럽다. 그러나 두어 주일만 지나면 그 조그만 씨앗에선 파릇파릇 싹이 돋기 시작한다. 아이들도 마찬가지다. 현재의 상태만 보면 아이의 잠재력이 잘 안 믿긴다. 일찍부터 싹 틔우고 꽃 피우는 아이도 있지만, 성장하는 속도는 모두 다르다. 싹이 트는 시기도 제각각 다르다. 모든 꽃이 일률적으로 피어난다면 자연으로 볼 때 재앙이다. 인간 사회도 그렇다는 것을 잊어서는 안 된다. 아무래도 글쓰기는 어렵겠다, 내심 체념했던 그 학생이 3학년 때 쓴 백일장 글을 보고 깜짝 놀랐다. 정말 그 애가 쓴 게 맞나 싶었지만, 일과 중에 썼으니 의심할 여지가 없었다. 글이 훌륭하기도 했고, 괄목상대의 성장을 축하하는 의미에서 상을 주었다.

군자삼락(君子三樂), 천하의 영재를 얻어 가르치는 즐거움은 맹자만 누리는 것이 아니었다. 인재를 가르치는 기쁨 없이 어찌 교직을 말하랴. 나의 수업에서도 그런 경험이 있었지만 얼마 전 우리 학교 국어과 선생님이 보여 준 학생 글 몇 편을 읽어 보고 가슴이 설레었다. 시집을 읽고 쓴 '시 에세이'였는데, 고2의 글이라기엔 깊이 있는 사유와 유창한 표현력이 놀라웠다. 학생의 글을 페이스북에 공유했더니 많은 이들이 감탄과 찬사를 보냈다. 담당 선생님께 댓글들을 보여 주며, 어떻게 가르쳤기에 학생들이 이렇게 좋은 글을 쓸 수 있냐고 물었다. 1학년 때 소설 서평 쓰기를 했는데, A4지 다섯 장 분량의 긴 글을 쓰라고 했단다. 그리고 자기 글에 욕심을 가지라고, 마음의 소리에 귀를 기울이라고 자주 말했더니, 공들여 글을 쓰는 학생들이 늘어났다고 했다. 2학년이 되어 시 에세이 쓰기 활동을 통해 시 읽기가 진정 자기 마음을 만나는 일이라는 것을 깨닫게 되었단다. 그렇지, 그렇게 정성을 들이고 아이들 마음을 일깨웠으니 이런 작품이 나올 수 있었겠지. 교사는 내면의 빛을 발굴하는 광부와도 같다. 탁월한 학생이든 조금 더딘 학생이든 제각각의 빛을 발견하는 기쁨, 그것이 바로 군자삼락이 아니겠는가.

가르칠 수 있는 행복, 배움의 기쁨

일반적으로 교장은 수업을 하지 않는다. 처음엔 좋을 줄 알았다. 하지만 수업을 하지 않으니 아이들을 제대로 모르겠다. 아침 등교맞이나 복도에서 마주치는 아이들 대부분은 이름도 모른다. 행사에 참관하면서 만나는 아이들 일부, 학생회 임원들 얼마, 선도위원회나 학폭위원회에 거명되는 아이들 몇몇만 알 뿐이다. 다른 선생님들이 학생들 이름을 말하며 대화를 나눌 때 소외감을 느꼈다. 나는 제대로 모르는 아이들 이야기, 답답했다. 교장도 아이들을 제대로 알아야지 않겠는가. 러시아의 교육 사상가 수호믈린스키가 말했다. '환자를 만나지 않고는 의사라고 할 수 없듯이, 교장도 가르치는 학생이 없고는 교사들을 움직이게 할 수 없다.'(바실리 수호믈린스키, 『아이들은 한 명 한 명 빛나야 한다』) 교장 업무도 바쁘긴 하지만, 틈을 내어 수업을 조금 하고 싶었다. 그러던 차에 코로나19 방역으로 바쁜 보건 선생님 대신 창체 수업을 맡기로 했다. 평교사 때도 정해진 교과서가 없는 이런 수업을 좋아했다. 글을 읽고 대화를 나누고, 글쓰기를 하며 아이들의 마음을 들여다보았다. 무엇을 고민하고 어떤 꿈을 꾸는지, 어떤 도움과 격려가 필요한지. 아이들 이름을 하나씩 알아 가니 학교생활이 생생해졌다. 눈을 맞추고 이름을 부르며 인사할 수 있는 아이들이 늘어 갔다. 걱정스럽거나 격려해 주어야겠다 싶은 학생들은 따로 만났다.

우울감이 너무 깊다는 아이는 친구 관계로 힘들었는데 요즘 괜찮아지고 있단다. 일 년 동안 친구를 한 명도 사귀지 못해 선생님들이 걱정했는데, 본인도 내년에는 다르게 지내보겠다고 하니 희망을 가져 본다. 배움의 갈증은 매우 큰데 무기력이 습관이 되어 버린 아이가 있다. 아버지의 오랜 병환으로 공부에 집중할 수 있는 집안 분위기가 아니라고 했다. 아이 어머니와도 만나 학교와 가정이 협력하여 아이의 성장을 돕기로 약속했다.

학교는 아이들이 내면의 빛을 찾도록 도와주는 곳이고, 저마다의 삶을 완성할 수 있는 힘을 키우는 공간이다. 교사의 전문성은 개별화 교육과 피드백에 달려 있다는 어느 교사의 글을 읽었다. 진실로 그랬다. 교육의 대상은 추상적인 집단이 아니라, 구체적인 개인이다. 가장 좋은 피드백은 마주 앉아서 눈을 맞추며 대화하는 것이다. 모든 선생님이 그런 교육을 할 수 있는 학교가 되기를 꿈꾼다.

교장이 하는 일 대부분은 교사들을 상대하는 것이다. 교사들과 토론하고, 설득할 수는 있어도 학생에게 하듯 가르칠 수는 없다. 이런 관계를 맺다 보니 교실에서 학생들을 가르치는 일이 얼마나 고마운 일이었는지 뒤늦게 깨닫는다. 눈을 빛내며 들어 주는 아이들, 조언을 해도 되는 아이들. 배우는 게 본업인 사람들이 있어서, 그들을 맘껏 가르칠 수 있는 교사라는 직업은 참 복되다.

오래전, 정년을 앞둔 어느 원로 선생님이 말씀하셨다.

"이 싱그러운 젊은이들이 내 이야기를 들어 주니 얼마나 고마운가. 그래서 결강이 생길 때마다 자청해서 수업을 들어간다네."

뒤늦게 그 애틋한 마음을 떠올린다. 본능으로 저절로 배우는 동물의 세계와 달리, 의도적인 가르침과 배움이 있어서 인간은 역사를 만들어 왔다. 이 소중한 배움과 가르침이 지루한 노역이 아니기를 바란다.

세계는 하루가 다르게 급변하고 인간의 수명은 늘어나고 있다.

이제 교육과 배움은 어느 특정 시기에 끝날 수 없게 되었다. 그러니 학교에서 가장 공들여 키워 줘야 할 것은 배움을 좋아하는 마음이다. 언제 어디서든 배울 수 있는 자세를 갖춘 사람이라면 어떤 상황과 맞닥뜨려도 거뜬히 헤쳐 갈 수 있을 것이다.

다시 논어의 첫머리로 돌아간다. 학이시습지 불역열호(學而時習之 不亦說乎). 내면의 빛을 발견하는 배움. 세계를 이해하고 받아들이는 공부. 그것이 기쁨 아니면 무엇인가. 이 소중한 배움이 경쟁 사회 도구로 전락하여 그 본연의 찬란한 빛이 퇴색하지 않기를, 그래서 금쪽같은 우리 아이들이 배움에서 도주하지 않기를 소망한다. 학생들이 배움의 기쁨을 누리고 교사와 학부모도 다 함께 행복한 배움 공동체를 실현할 수 있을까? 어쩌면 인류의 가장 오랜 도전일지 모를 이 간절한 바람에 남은 교직 생활 몇 해를 걸어 본다.

교사, 학교에서 주인이 되다

홍명희

교사로서의 학교생활을 돌아보니

교사는 일상적인 수업과 학생들과의 만남에서 깊이를 가늠하기 힘든 많은 문제들을 만난다. 엄마가 일찍 돌아가시고, 새엄마를 집으로 들인 아빠와 새엄마를 보고 싶지 않아 주변을 할퀴며 버티는 사춘기 아이, 부모님의 과도한 기대와 사춘기가 맞물려 또래 친구들에게 차마 입에 담지 못할 욕을 하는 모범생 아이, 직장생활로 바쁜 부모 대신 할머니 손에서 자라다가 초등학교에 입학할 무렵에야 엄마와 같은 집에서 살기 시작하며 혼란스러운 사춘기를 겪고 있는 아이, 몇 년 동안 암으로 앓아누운 엄마에게 충분한 사랑을 받지 못하고 집을 나갔다가 몸과 마음에 구멍이 난 채

두 달 만에 돌아온 아이……. 깊이가 다른 다양한 문제를 안고 있는 사춘기 아이들을 성장의 방향으로 이끌 수 있도록 적절하게 반응하며 수업을 해내는 것은 쉬운 일이 아니다.

학생들이 문제 행동을 보일 때 도움을 요청할 수 있는 전문가를 찾는 것은 쉽지 않았다. 동학년 교사들 역시 수업과 학생 지도, 행정 업무로 바빠 내가 가지고 있는 어려운 상황을 공유하고 해결 방안을 찾는 시간을 갖기 힘들었다. 그래서 나는 언제부턴가 힘들고 바쁜 학기를 보내고 방학이 되면 숙박형으로 진행되는 자기 성찰 연수 프로그램을 찾기 시작했다. 10여 년 전 전나무 숲길로 유명한 사찰에서 4박 5일을 보내고 30여 명의 참가자들이 둘러앉아 소감을 나누는 자리에서 "아이들이 미워요……."라고 말하며 울던 20대 초등학교 여선생님을 잊을 수가 없다.

혼란스러운 사춘기 아이들이 표출하는 문제에 대응하는 능력에 한계를 느껴 심리 치료 서적을 찾기도 하였다. 외부로부터 받는 부정적인 에너지의 근원에는 미처 알아차리지 못한 자신의 상처가 있다는 가르침에 공감하고, 나 자신의 내면을 들여다보는 성찰의 시간을 가지려 노력했다. 멀리 타국으로 떠나 유적을 탐방하고, 다른 나라의 언어를 배우고, 이국적인 풍광에 빠져들며 여기저기 구멍 난 마음을 채웠다. 한 가지가 아닌 여러 가지 색깔과 무늬를 가진 마음을 만들려 노력했다.

혁신학교와의 만남

2012년부터 전교조 참교육 실천 연수에 참여하며 서울·경기 지역 혁신학교의 성과를 만나기 시작했다. 학교의 중요한 일을 토론해서 결정하는 교직원 회의, 긴 호흡으로 학생들 간의 상호 작용을 관찰하며 학생 개개인의 전인적 성장을 지원하는 수업, 학생 스스로 축제를 기획하고 실행하며 마무리하는 학생회 활동, 학생 한 명에 대해 여러 선생님이 머리를 맞대고 둥그렇게 둘러앉아 대화를 나누며 지도 방법을 모색하는 회복적 생활교육, 학생·교사·학부모가 참여하고 운영하는 학교 협동조합 등 혁신학교 사례 나눔은 교직을 처음 시작할 무렵의 열정을 다시 일깨우는 계기가 되었다.

학교에 돌아와서 과중한 업무 때문에 교사들이 대부분 기피하는 학년부장에 지원하였다. 9개 학급인 1학년의 학년부장을 맡아 수시로 동학년 담임 모임을 하며 각 반에서 주의를 기울여야 할 학생에 대한 정보를 공유하고 지도 방안을 의논하였다. 그리고 1학년 반장 모임을 활성화하였다. 점심시간에 노래, 악기 연주, 춤 등 각자의 재능을 발산하는 학년 음악회를 반장들이 중심이 되어 수시로 열게 했다. 또 2박 3일간의 수련회에서는 방과 화장실 청소 상태를 반을 바꾸어 반장과 부반장이 점검하게 했고, 장기자랑 심사는 부반장이 맡게 하는 등 학생들이 참여하는 기회를 늘리려 노력하였다.

학년부장으로 근무하며 협력하고 참여하는 학년 문화를 만들어 갔다. 그러던 중 2014년 진보 교육감의 당선을 계기로 주변 선생님들과 혁신학교 씨앗 동아리를 조직하였다. 우리도 혁신학교를 만들 수 있다는 꿈에 부풀어 수업 녹화 영상을 함께 보고 배움이 일어나는 찰나를 찾으려 노력했다. 또 회복적 생활교육 매뉴얼을 읽고 회복적 써클을 직접 실행하기도 했다. 1년 6개월의 활동을 마무리하며 우리는 학교를 바꾸기 위해서는 '다소 부담스럽더라도 주요 보직에 적극적으로 참여하자.'는 결론을 내렸다.

스스로 내린 결론을 차마 외면할 수가 없어 다음해 업무 지원서에 3지망으로 학생부장을 적었고, 학생부장이 되었다. 생활 지도의 패러다임을 회복적 생활교육으로 바꾸고 학생 자치를 활성화하는 학생부장이 되고 싶었으나, 다양한 학폭 사건들을 처리하느라 회복적 생활교육을 시도하고 싶다는 말은 입에 올리기조차 어려웠다.

학생부장 생활은 충전 없는 방전이 나의 몸과 마음에 어떤 영향을 미치는지 정확히 알려 주었다. 달맞이 언덕 공영 주자창에서 눈앞에 펼쳐진 바다를 마주하고 카페인 농도가 진한 대용량의 커피를 마시며 "명퇴까지 출근할 날이 몇 년 남지 않았다. 마무리 잘하자."는 혼잣말로 마음을 다독이는 일이 출근 전의 루틴이 되었다. 여름 방학이 얼마 남지 않았을 때에는 숲 입구의 벤치에 대자로 드러누워 고농도 카페인에도 반응하지 않는 몸과 마음이 깨어

나기를 기다리곤 했다. 한번은 아침 산책을 하던 초로의 여자분이 나를 흔들어 깨우며 아주 걱정스러운 표정으로 괜찮은지 묻기도 했다.

부산다행복학교를 만나다

학생부장 일을 하느라 몸과 마음이 지쳐, 혁신학교 씨앗 동아리 회원들과 호기롭게 한 결의는 잊고 빠른 명퇴를 결심하였다. 그러자, "같이 혁신학교 씨앗 동아리를 했던 선생님께서 함께 혁신학교를 꿈꾸고 결의했으면서 다행복학교 같이 하자는 제안을 어떻게 거절할 수 있냐?"고 하셨다. 질책 섞인 호소를 듣고 나니 명퇴 계획은 수정할 수밖에 없었다.

2016년 봄 방학 때부터 반송중학교에 출근하였고 3년간 교무부장을 하였다. 교직원이 모두 모여 학교의 중요한 현안을 토론으로 결정하는 다모임, 모든 교사들이 수업이나 생활교육에 대해 연수를 받거나 토론하는 전문적 학습 공동체, 같은 학년 교사들이 수업이나 생활교육에 대해 토론하고 협의하는 학년 교육과정 협의회를 운영하기 위해서는 방과 후 2시간 이상 교사들이 모이는 시간이 필요했다.

교육과정 편성 지침 범위 내에서 월·금요일은 6교시, 화·목요일은 7교시, 수요일은 5교시의 시간표를 만들었다. 학교의 일을 동료 선생님들과 함께 의논하고 수업과 생활교육에 필요한 연수를 같이 듣고 토론하는 모습을 머릿속에 그렸다. 혁신학교를 먼저 시작한 다른 시·도의 자료와 교육청에서 발간한 교육과정 편성·운영 지침 등을 찾아 공부하는 일은 25년이 넘는 교직 생활 동안 처음 접하는 일이었으나 힘든 줄 몰랐다.

부산다행복학교 이전의 다모임 준비

2014년 지방 선거에서 혁신학교를 지지하는 교육감이 당선되었다. 상명 하달식의 업무 처리 방식이 만연한 학교를 오랫동안 답답해했던 교사들은 부산 교육의 변화를 기대하며 적극적으로 움직이기 시작했다.

나는 학교의 민주적 변화를 기다리던 교사들이 모여 만든 혁신학교 씨앗 동아리에 가입하고, 학교 민주주의의 실현을 가장 중요한 목표로 하는 프레네 교육 워크숍에 참여했다. 50여 개 나라의 교사들이 참여하는 프레네 교육 워크숍은 2년마다 나라를 돌아가며 열린다. 서로 다른 언어를 구사하는 교사들이 학교 민주주의의 실현을 중심에 두고 협력하는 모습이 궁금했다.

2014년도 프레네 교사 워크숍은 이탈리아 북부의 교육 도시 레조넬에밀리아에서 9박 10일의 일정으로 진행되었다. 워크숍은 교사들이 학급에서 수업했던 것을 다른 교사들을 대상으로 시연하는 식으로 진행되었다. 교사들이 각자 사용하는 언어가 달랐기 때문에 스페인어, 이탈리아어, 독일어로 진행되는 경우는 다른 교사가 프랑스어와 영어로 통역해 주었다.

워크숍 일정 중 400여 명 정도가 참석한 전체 총회가 강당에서 있었다. 프로젝터를 이용하여 안건을 띄우고 안건을 발의한 교사가 자기 나라 언어로 발표하면, 발표에 사용된 언어와 영어를 모두 구사할 수 있는 교사가 영어로 통역하는 방식으로 진행되었다.

50여 개 나라의 교사들이 모여 회의를 하다 보니 사용하는 언어에 대한 문제가 제기되었다. 프레네 교사 총회는 프랑스어(프레네 교육은 프랑스에서 시작되어 프랑스어를 사용하는 프랑스와 북아프리카 교사들이 많이 참여했다.)와 스페인어(스페인과 멕시코 등 스페인어를 사용하는 나라 교사들이 많이 참여했다.)를 공용어로 사용했다. 레조넬에밀리아 프레네 교육 워크숍에서는 개최국인 이탈리아어도 공용어로 사용되었다. 총회 참석자 중에는 독일 교사들이 많았는데, 독일 교사 중 이탈리아어는 공용어로 사용하면서 독일어는 왜 공용어로 사용하지 않는지 항의하는 사람들이 있었다. 집행부는 개최국이 이탈리아이기 때문에 이탈리아어를 공용어로 허용한다는 입장을 발표했다. 공식적인 항의는 중단되었으나 내 뒷자리에 앉아 있던 나이 많은 독일 교사 몇 명이 독일어를 공식 언어로 허용하지 않은 것에 대해 상당 시간 불만을 터트렸다.

워크숍은 안건에 대한 제안 설명 후 참여자가 질문이나 의견을 이야기하는 방식으로 진행되었다. 한 안건에 대해 강당 뒤쪽에 앉아 있던 한 교사가 모국어는 아니지만 비교적 유창한 영어로 발언하였다. 내용을 온전히 알아들을 수는 없었으나 발언하는 사람의 열정은 고스란히 전달되었다. 발언 중간에 앞 좌석의 몇몇 선생님이 손을 들어 발언 시간을 초과했다고 얘기하자 발언하던 교사는 중단하고 자리에 앉았다. 프레네 교육 워크숍에서는 모임에 참여한 사람들에게 참여 기회를 공평하게 부여하기 위해 발언 시간을 정하고, 모임 참여자 중 몇명을 발언 시간을 확인하는 역할로 지정한다.

시간 초과로 중간에 발언을 제지당한 선생님은 백발이 성성했다. 긴 세월 동안 프레네 교육을 실천해 온 교사도 공평한 발언 기회를 가지기 위해 정해 둔 기본적인 원칙을 지키는 것이 쉽지 않음을 알 수 있었다. 그리고 효과적인 회의 진행을 위해 공용어를 프랑스어와 스페인어, 개최국의 언어로 제한하는 것을 보고, 논의가 필요할 것 같지 않은 일에 대해서도 입장에 따라 문제 제기가 있을 수 있다는 것을 경험하였다.

프레네 교사 총회 참관으로 나는 여러 사람이 토론을 통해 민주적으로 합의하는 과정은 질서 정연하지 않고 효율성과 거리가 먼, 평화롭지만은 않은 과정이라고 생각했다. 이러한 경험은 다모임을 운영할 때 큰 도움이 되었다. 다모임이 익숙하지 않은 다수의 선생님들이 발언하기를 주저하여 분위기가 어색해지거나, 감정적인 어조의 발언으로 여러 사람들이 당황하는 상황이 발생할 때에도 민주적 결정을 도출하는 다모임의 힘을 믿고 밀고 나갈 수 있었다.

부산다행복학교에서의 첫 다모임

부산다행복학교 첫해에는 학교의 일을 모든 교직원이 모여 토론하는 다모임의 필요성을 인식하는 것이 중요하다고 생각하여 그 형식을 갖추려고 노력했다. 진행은 교무부장인 내가 하고 국기에 대한 경례에 이어 교장 선생님의 인사와 개회 선언이 있었다. 다음으로 업무 전달 및 보고 사항을 공유하였으며, 마지막으로 안건 토론으로 들어갔다.

반송중학교 다모임의 첫 안건은 학력 신장 방안이었다. 먼저, 그날 수업한 내용을 일정한 양식의 노트에 정리하고 담임이 확인하는 '복습 노트', 학생들이 서로 가르치고 배우는 '또래 교사제' 등 지난해 실시했던 것과 타학교의 우수 프로그램을 공유하였다. 이후 각각의 프로그램을 유지할지 폐지할지에 대해 의견을 나누고, 유지할 프로그램의 개선점에 대해 토론하였다. 교육과정부장이 교장, 교감 선생님과 사전에 의논하고 교직원 모임에서 통보하는 방식에서 다모임에서 토론하여 결정하는 방식으로 과정만 바뀌었을 뿐 결정된 내용은 이전 해와 별반 다르지 않았다. 그러나 교사들이 토론에 적극적으로 참여하는 과정을 통해 '그의 일'을 '나의 일'로 받아들이는 변화가 있었다고 생각한다.

첫 다모임 안건 중에는 학사 일정 변경안도 있었다. 5월 5일 어린이날이 목요일, 5월 10일 개교기념일이 화요일이므로 5월 6일 금요일과 5월 9일 월요일 이틀을 재량 휴업일로 잡자는 제안이었다. 중간고사 이후 6일 간의 짧은 계절 방학으로 재충전의 시간을 가질 필요가 있는지에 대해 충분히 토론한 후 거수로 결정하였다.

기존 학교에서는 교무부장과 교감, 교장이 학사 일정을 결정하고 교사들은 그것을 통보받는 걸 당연시하였다. 그런데 다행복학교에서는 퐁당퐁당 연휴 사이를 재량 휴업일로 할 것인지를 다모임에서 토론과 거수를 통해 결정함으로써 교사가 학교 의사 결정의 주체임을 경험할 수 있었다.

첫해의 학력 신장 방안, 학사 일정 변경안을 시작으로, 학년별 돌봄 학생 지도 방안, 3학년 학생 다모임에서 건의 사항으로 올라온 에어컨 사용 방안, 상벌점제 존치 여부 등 크고 작은 학교의 일들을 다모임 안건으로 채택하여 토론을 통해 결정하고 실행하였다.

반송중학교는 교사들이 협력하여 보살펴야 하는 학생의 숫자가 많은 편이다. 돌봄 학생 지도 방안을 짤 때는 각 학년의 담임 교사와 교과 담임 교사들로 모둠을 구성하여 학생의 특성에 따라 적절한 지도 방법을 모색한 다음 전체 교사들과 공유하였다. 필요한 경우 각 학년에서 결정한 내용에 다른 학년의 좋은 아이디어를 덧붙여 발전시키고 함께 실행하였다.

3학년 학생 다모임에서 제출한 교실 에어컨을 학생들이 자율적으로 사용할 수 있도록 해 달라는 건의 사항은 비교적 장시간의 토론을 필요로 했다. 먼저 에어컨 사용을 전적으로 학생들에게 맡길 때 발생할 수 있는 문제점이 제기되었다. 몇 년 전이긴 하나 당시에는 여름철 냉방비와 겨울철 난방비는 무조건 아껴야 한다는 생각이 지배적이었다. 늘어나는 전기세 지출을 감수한다 하더라도 학교에서 사용할 수 있는 순간 최대 전기량이 정해져 있으므로, 모든 교실에서 일제히 에어컨을 켜면 학교 전체 전기가 셧다운될 수밖에 없다고 행정실장님이 의견을 내었다. 논의가 어느 방향으로 갈지 예측하기 어려웠다. 잠시 쉬는 시간을 갖고 자리 배치를 원으로 만들어 기존의 방식대로 에어컨을 운용할 것인지 학생 다모임의 건의를 수용할 것인지 한 사람씩 돌아가며 짧게 의견을 말하는 기회를 가졌다. 다수가 학생 다모임의 건의를 수용하자는 의견을 내었다.

다음으로, 전기가 셧다운 되지 않고 에어컨을 사용할 수 있도록 전기를 절약하는 방안에 대해 토론했다. 먼저 빈 교실에서 돌아가는 선풍기와 에어컨이 없어야 한다는 의견이 나와, 학급 부반장을 전기 절약 담당으로 정하여 교실을 비울 때 선풍기, 에어컨, 전깃불을 끄는 역할을 맡기기로 했다. 또 에너지 절약 교육을 적극적으로 하기로 하고, 순간 최대 사용 전기량을 늘리도록 행정실에 요청하기로 하였다. 교사 전체가 참여한 논의와 준비에도 불구하고, 빈 교실에서 돌아가는 에어컨은 완전히 사라지지 않았고 학교 전체 전기가 셧다운되는 일도 몇 차례 있었다. 그러나 어느 학교에서나 여름철이면 불거지는 에어컨 운용 방식에 대한 불만은 사라졌다. 그래서 우리는 그해부터 덥지만 평화로운 여름을 보낼 수 있었다.

다모임의 꽃 '학년 말 자체 평가'

부산다행복학교에서는 다모임 토론을 통해 교사들이 크고 작은 학교의 일을 결정하고 함께 실행한다. 매월 다모임에서 그 달의 학교 행사 등 현안에 대해 토론하고, 12월에는 4~5차에 걸친 '학년 말 자체 평가'를 실시한다. 1년 동안의 학교 교육 활동 전반을 밀도 있게 돌아본 후, 다음 해 학교 운영 방향을 결정한다. 다음 해 학교 운영 방향을 결정하는 '학년 말 자체 평가'가 축적되어 부산다행복학교 반송중학교를 만들어 왔다는 점에서 '학년 말 자체 평가'는 다모임의 꽃이라고 볼 수 있다.

부산다행복학교는 학년 말에 학생, 학부모, 교사들을 대상으로 자체 평가를 실시하여 1년 동안의 교육 활동을 평가한다. 반송중학교는 부산다행복학교 자체 평가보다 좀 더 세밀한 평가 도구가 필요하다고 판단하여 우리 학교만의 '학년 말 자체 평가'를 운영하였고, 이를 바탕으로 한 해를 성찰하고 다음 해를 계획하였다.

교육 계획서 전체를 아우르는 자체 평가 문항을 다행복부장과 교무부장인 내가 머리를 맞대고 며칠에 걸쳐 만들었고, 정리에 탁월한 능력을 가진 교육과정부장이 깔끔하게 다듬었다.

1년의 교육 활동 전반에 대해 교사들로부터 의미 있는 피드백을 받기 위해서는 평가 문항에 집중해서 응답하게 해야 한다. 귤과 치즈 케이크 등 간식을 준비하고 전체 교사가 여유 있게 모일 수 있는 공간에 분위기 있는 음악을 틀어 두었다. 교사들은 삼삼오오 모여 두런두런 한 해 동안 있었던 일을 얘기하면서 개인 노트북으로 평가 문항에 대한 답을 입력하였다.

동료 교사들과 함께 한 해를 반추하며 적은 평가 내용을 행정 실무원에게 메신저로 보내면 행정 실무원이 문항별로 내용을 취합하였다. 취합된 내용을 검토하여 토론할 주제를 선정하고 4~5차에 걸친 평가회를 하였다.

2차 평가회는 한 해를 돌아보고 마음을 나누며 서로 격려하는 프로그램으로 운영하였다. 그림 카드를 이용해 1년을 보내며 좋았던 점, 속상했던 점에 대해 모둠별로 이야기한 후 전체와 나누는 방식으로 진행하였다.

3차 평가회에서는 '위기 상황에 있는 학생들을 어떻게 지도할 것인가?'를 주제로 토론하였다. 위기 상황에 있는 학생들을 좀 더 적극적으로 보살피고, 수업 방해 등의 문제를 해결하기 위해서 비담임 학년부장이 필요하다는 의견에 모두 동의하였다. 그렇지만 담임 교사에게 행정 업무를 맡기지 않기 위해 업무 전담팀을 운영하고 있었기에 담임을 맡지 않는 학년부장 자리를 새로 만들기는 쉽지 않았다. 업무를 재조정하여 2개의 학년부장 자리를 만들고, 2학년 부장이 방과 후 부장을 겸임하기로 하여 미완성이지만 담임 없는 학년부장제를 실행할 수 있었다. 다음해에는 '학년 말 자체 평가'를 통하여 3개 학년 모두 담임 업무를 맡지 않는 학년부장을 세울 수 있었고, 모든 교사들이 원했던 대로 학교 분위기가 좀 더 안정되고 평화로워졌다.

그 외 '학년 말 자체 평가'를 바탕으로, 행정실에 근무하던 공익요원을 교무실에 배치하여 행정 실무원들과 호흡을 맞추며 교무실의 행정 업무를 지원하도록 하였고, 행정 실무원은 학적, 나이스 총괄, 일과 등 교사들이 맡던 업무를 맡게 하였다.

교사 다모임으로 학교의 주인이 되다

기억을 과거로 되돌려 보면, 부산다행복학교 2년 차쯤부터 "다른 학교에 근무하는 이전 동료를 만나 얘기를 나누다 보면 우리 학교가 다른 학교와 많이 다르다는 생각이 든다."는 말이 동료 교사들 사이에서 나오기 시작한 것 같다.

그러나 우리 학교가 특별한 것을 하는 것은 아니다. 일주일에 한 번 2시간 정도 시간을 내어 다모임에서 학교의 중요한 일을 토론으로 결정하여 실행하고, 교사들이 모두 모여 수업과 생활교육에 대한 강의를 듣고 토론한다. 또 동학년 교사들과 수시로 학생 지도에 대한 이야기를 나누고, 수업을 공개하고 수업 공개 후 배운 점을 서로 나누는 정도이다.

학교가 정상적으로 운영되려면 이 정도는 해야 하는 딱 그 정도 이상도 이하도 아니라는 생각이 든다. 이런 평범한 학교를 얼마나 오랫동안 꿈꾸어 왔던가?

다모임으로 교사가 학교의 주인으로 서는 과정은 그렇게 복잡하거나 어렵지 않았다. 5교시로 수업이 끝나는 요일과 시간을 정한 뒤, 그 시기에 논의해야 할 문제를 모아 의견을 나눈다. 다모임 시간에는 두뇌 활동을 자극하고 행복한 느낌을 가질 수 있도록 당을 충전하는 맛있는 간식을 준비한다. 다모임에서 다루는 내용이 주로 교사들과 직접적으로 관련되는 일이라 행정실, 급식실은 꼭 필요한 경우에만 참여하는 것이 아쉽지만 간식은 행정실과 급식실 것도 같이 준비한다. 이런 소소한 과정들을 통해 부산다행복학교 반송중학교의 교사들은 학교의 주인으로 한 걸음 한 걸음 성장해 왔다. 그리고 학교의 주인이라는 지위를 학생, 학부모들과 함께하는 방법을 모색하고 있다. 애정을 갖고 가꾸어 나가려는 사람의 숫자가 늘수록 학교는 좀 더 평화롭고 풍요한 공간이 된다는 것을 부산다행복학교 5년간의 경험으로 알고 있기 때문이다.

함께 배우고 성장하겠습니다

이연진

소떡소떡, 찰떡같이

"이번 매점 메뉴, 조금 어려운 것도 가능할까요?"

자치 매점 팀장이 걱정스런 얼굴로 물었다.

"어려운 거라니, 어떤 의미로 어렵다는 걸까?"

"학급 회의에서 메뉴를 추천받았는데, 소떡소떡이 압도적이었어요."

"소떡소떡! 와, 정말 좋을 것 같긴 한데, 어떻게 준비해야 하지?"

한참을 멀뚱히 바라만 보았다. 소떡소떡, 기대는 되지만 손이 많이 갈 텐데.

"소떡소떡은 제외할까요?"

"학생들 의견을 모은 건데 어렵다고 빼는 건 아닌 것 같아. 어떻게 하면 좋을지 선생님도 고민해 볼게."

작년 한 해 자치 매점팀 팀원 활동을 하며 경험치가 있어 그런지, 팀장이 된 학생은 일하는 순서를 잘 파악하고 있었다. 매점을 진행하기 전에 '주제'와 '메뉴'를 사전 조사하고, 도움이 필요하면 다른 팀에 협력을 요청했다. 이 과정에서 문제가 생기면 다시 회의를 하고, 내가 미처 생각하지 못한 좋은 의견을 가지고 왔다.

2016년 우리 학교에서 자치 매점을 시작했을 때, 가장 인기가 많은 메뉴는 '구운 라면'이었다. 매점을 막 시작하던 때라 '어떻게든 해내야 한다!'라는 생각으로, 여러 선생님들이 수업이 비는 시간마다 라면을 쪼개고 굽고 포장하고, 다시 쪼개고 구웠다. '소떡소떡은 손이 더 많이 갈 듯한데, 다른 선생님들께 부탁을 드려야 하나?' 그리 좋은 방법 같지는 않았다. '도저히 방법이 없으면 주변 상점에서 사다가 판매하자. 어떻게든 팔 수만 있게 하면 되지.'

3일 뒤, 매점 팀 회의 결과를 가지고 팀장이 찾아왔다.

"메뉴는 총 일곱 개로 정리했어요. 소떡소떡도 포함해서"

계획서를 내밀었다. 소떡소떡에 구운 라면까지.

"샘, 학부모회에 구운 라면이랑 소떡소떡을 부탁드리면 어떨까요? 가게에서 파는 걸 사 오면 편하긴 한데 너무 비싸요. 그리고 저희나 샘들이 직접 만들기에는 시간이 부족할 것 같고요."

학부모회! 좋은 의견이다.

"그러면 샘이 학부모 회장님과 통화해 볼게."

방과 후 학부모 회장님께 전화해 올해 학부모님들께서 매점 메뉴 두 가지를 만들어 주실 수 있는지 물었다. 말이 채 끝나기도 전에 흔쾌히 수락하셨다. 매점 일정과 학부모회가 협력해야 할 사항만 알려 달라고 하셨다. 걱정했는데 일이 아주 쉽게 풀렸다. 너무 좋고 신나면 나도 모르게 손이 떨리는데, 이 순간이 그랬다. 학생회가 판을 벌이고, 학부모회가 거들고! 매점을 시작도 하기 전인데 혼자 신이 났다.

수업을 마치고 온 매점 팀장에게 기쁜 소식을 전했다. 내심 걱정하고 있었던지 녀석도 무척 좋아했다. 올해 매점은 여러모로 시작이 좋았다. 학생회와 학부모회가 주체적으로 활동할 뿐만 아니라 협력하는 시스템! 기대하지 않았던 순간에 이루어지는 콜라보레이션은 흥겹기까지 했다.

자치 매점 첫날 아침, 학생회 아침맞이팀에서 중앙 현관에 일찌감치 테이블을 준비해 두었다. 지난 일주일 동안 포스터를 붙이며 홍보하고, 매점 쿠폰을 판매하며 매점팀과 나눔팀이 놀라운 협력을 보여 주었다. 예상한 대로 소떡소떡 쿠폰은 순식간에 매진되었다. 연이어 다른 쿠폰들도 모두 팔렸다. 이제 매점 물품들을 잘 진열해서 팔기만 하면 되었다.

1교시가 시작할 즈음, 학부모님들이 도착했다. 말씀하셨던 것보다 훨씬 더 많은 열다섯 분이나 오셨다. 인사를 나누고 역할을 분담하자마자 일이 척척 진행됐다. 그 사이 매점 팀장이 교무실로 와서 진행 상황을 확인했다. '크림빵은 배달 왔어요?', '아이스크림이랑 음료수는 어디 있어요?', '점심시간에 꺼낼까요, 미리 꺼낼까요?' 역대급 책임감을 보여 주었다.

4교시는 수업이 없어 매점 물품을 진열하러 갔다. 학부모님들께서는 벌써 구운 라면과 소떡소떡 조리를 마치고 쉬고 계셨다. 거드는 손이 많아 일이 빨리 끝났다며 특급 제안을 하셨다.

"소떡소떡이 빨리 매진돼서 못 사 먹는 아이들이 많다면서요? 다음번에는 수량을 더 늘려서 준비해 주세요. 만드는 거야 저희들이 금방 하니까요."

안 그래도 너무 적게 판다고 학생들에게 원성을 들었는데, 다음에는 양을 늘려 주겠다는 약속을 할 수 있게 되었다.

구운 라면을 하고 남은 조각으로 '라면땅'도 만들어 두셨다. 종이컵에 노릇노릇한 라면땅이 한가득 담겨 있었다. 판매할까 하다가 갑작스럽게 상품을 추가하면 문제가 생길 것 같아, 학부모회 이벤트 '엄마를 이겨라! 가위바위보' 게임을 해서 이긴 아이들에게 나눠 주기로 했다. 학부모회의 아이디어와 추진력도 만만치 않았다. 운영 순서도 요령도 나보다 몇 발이나 앞서 있었다.

점심시간, 드디어 매점이 열렸다. 현장 판매 쿠폰을 사기 위한 줄이 길었다. 현장 판매 쿠폰이 다 팔리고 판매가 시작되자, 오일장이 선 것마냥 중앙 현관이 시끌벅적했다.

교장 선생님도 판매 도우미로 나섰고, 학생들은 쿠폰을 확인하고 물품을 판매하고, 판매 내용을 기록하고, 역할에 따라 일사불란하게 움직였다.

"샘, 소떡소떡 정말 맛있어요. 가격도 천 원밖에 안 하고 너무 좋아요."

"구운 라면도 맛있어요. 다음에는 초코 우유 말고 탄산음료 팔아 주세요."

"여름에는 아이스크림만 100개 팔면 좋겠어요."

간식을 입에 물고 다들 한마디씩 거들었다. 보고 배우는 것이 무섭다는데, 올해 학생회 3학년 리더들을 보고 배운 내년 자치회 아이들은 또 어떤 모습을 보여 줄까? 학생 자치회 활동은 선생님들이 예상하고 바란 것보다 훨씬 성장해 있었다. 교사들이 멈칫할 때 학생들 스스로 방법을 제시하고 해결해 나갔다. 3년 전 보던 광경과는 사뭇 달랐다. 누가 시켜서가 아니라 좋아서 즐거워서 했다.

매점이 열리고 10분쯤 지나 학부모회 이벤트가 시작되었다. 학생들이 이길 때까지 가위바위보를 하고는 이긴 학생에게 라면땅한 컵을 선물로 주셨다. 가위바위보 승부에 학부모회 얼굴에도 웃음꽃이 피었다. 손이 떨렸다. 맞다, 그 증상이었다.

그날 오후 매점 팀장과 정산을 하는데 바로 다음 매점을 걱정했다. 매점 주인이 된 것마냥 내내 매점 생각뿐이었다. 맞다, 주인! 그리고 책임감! 주도적인 활동에서 나올 수 있는 주인 의식과 책임감. 교사인 나는 일로 생각하며 학생회를 지원하고 협력할 때가 많았다. 하지만 그들이 보여 주는 눈빛은 달랐다. 학교 자치를 맡은 후 그런 학생들의 모습에 감동받는 일이 많았다.

수고해 주신 학부모회를 대표하는 학부모 회장님께 감사의 문자를 보냈다. 금방 답장이 왔다. 함께 매점을 운영하여 즐거웠다는 말씀과 함께 다음 번 매점을 향한 열의를 내보이신다. 이러한 학부모님들의 지원과 참여 덕분에 우리 학교가 다행복학교로 더욱 성장할 수 있었던 것이다. 학교에서 진행되는 대부분의 교육 활동을 믿고 기다려 주시며, 필요한 경우 지원과 협력을 아끼지 않으신다. 교사들이 교육 활동을 고민할 때 학부모들도 함께 고민해 주셔서, 이제는 학교 성장의 중요한 동력으로 자리 잡았다. 단순히 우리 아이가 다니는 학교가 아니라, 학부모 스스로도 성장하고 배울 수 있는 학교로 함께 만들어 가고 있는 것이다. 예전 학교에서는 상상도 하지 못할 풍경이었다.

매점은 계속되어야 한다, 그리고 도전도

두 달 후, 두 번째 매점. 첫 번째 매점 평가회를 통해 메뉴 구성을 바꿨다. 목표는 학생들 만족도를 높이는 것. 그리고 수익금을 어떻게 사용할 것인지에 대해서도 기획하였다. 협동조합을 만들어 전문적으로 매점을 운영하겠다고 나설까 봐 무서웠다. 담당 교사인 내가 학생회 활동을 통해 배우는 것이 점점 늘어 갔다. 모두가 즐길 수 있는 학생회 행사를 만들기 위해 애쓰면서도 지역과 함께할 수 있는 방안도 고려하는 아이들. 공공성을 생각하는 매점. 학생들 스스로 빛이 나는 순간이었다. 잘한다 했더니 이제 감동까지 주었다.

소떡소떡과 구운 라면은 이번에도 학부모회 몫이었다. 이번에는 반조리 제품을 사지 않고 직접 만들어 주셨다. 시간이 배로 들었지만 더 좋은 걸 먹이고 싶은 게 부모 마음이다. 이제야 좀 마음이 놓인다며 만족해하셨다.

"우리 학교를 위한 일인데요."

우리 학교를 위한 일인데 줄곧 도와주셔서 고맙다는 투로 말해 왔으니, 내가 그간 얼마나 많은 실수를 해 왔던가. 학생, 학부모, 교사가 학교 자치의 주체들이라 말하면서 학부모회를 단순히 협력자, 조력자로만 보고 있었다.

꽤 많은 수익금이 모였다. 학생회 이름으로 세 학생에게 장학금을 주었고, 나머지는 우리 학교가 꾸준히 돕고 있는 아프리카 말라위 어린이를 위해 기부했다.

우리 학교 자치 매점은 당연히 지금도 계속되고 있다.

"함께 배우고 성장하겠습니다."

동료들에게 다짐하듯 하는 말이다. 학교 자치 담당 교사가 된 이후 교사, 학생, 학부모 모두 동료가 되었다. 처음 이 일을 맡을 때는 해 보고 싶다는 마음 한편에 부담감이 있었다. 잘하고 싶다는 욕심 때문이었다. 다음 학기에도 나는 학교 자치 담당 교사로서 학생회와 학부모회 사이에 놓일 것 같다. 설레는 마음이야 여전하겠지만 이제 걱정이나 부담은 별로 없다. 학생회가 그러했듯 나도 많이 성장했고, 학생회 스스로 잘해 나갈 걸 알기 때문이다. 또 학부모회의 지원과 협력은 지역 사회와의 연결 고리를 만들어 냈고, 일 년에 한 번 학부모회 주도로 지역 사회 나눔 행사도 진행하게 되었다.

우리 학교 중앙 현관에는 '넘어져도 괜찮아! 마음껏 도전해 봐!'라는 글귀가 큼지막하게 쓰여 있다. 아무것도 하지 않으면 아무 일도 일어나지 않는다. 다행복학교에서 근무하게 된 이후 나는 뭐라도 하는 사람이 되었다. 학교가 나를 그렇게 만들었다. 넘어져도 괜찮으니 마음껏 도전해 보라는 말은 학교 변화를 꿈꾸는 교사들을 위한 말이기도 하다. 힘은 들지만 함께 배우고 성장하기 위해, 일상 속 숨어 있는 기쁨을 찾기 위해, 설레는 마음으로 내일도 학교로 향할 것이다. 그리고 언젠간 나도 "우리 학교가 내 인생 학교야!"라고 말하게 될 순간을 꿈꾼다. 나중에 후회하지 않도록 함께 배우고 성장하자. 우리 학교는 그런 학교이자 그럴 수 있는 학교니까. 지금 여기에서, 동료들과 함께.

3

신나는 배움

한 명의 아이도 포기하지 않는 마음

김민수

목소리가 기억나지 않는 아이들

2004년 여자 고등학교에서 근무하던 시절의 우리 반 지영이는 아직도 잊히지 않는 아이이다. 지영이는 아주 착실한 아이였다. 수업 시간에 반듯한 자세로 앉아서 교사의 말에 귀를 기울이고, 필기도 빼놓지 않고 했다. 야간 자율 학습에 빠진 적도 없었다. 당시 우리 반은 자율 학습을 '진짜 자율'로 했기 때문에 남아서 공부하는 학생들이 아주 적었다. 아이들은 들쑥날쑥했고, 지영이 혼자 남아 공부한 날도 꽤 있었다. 휑한 교실 맨 앞자리에 앉아서 책을 펼치고 묵묵히 공부하던 지영이는 우리 반에서 가장 성실한 친구였다. 하지만 지영이는 우리 반 꼴찌였다. 반 아이들도 다 알고 있었다. 수업 태도는 100점짜리였던 지영이가 모든 과목에서 최저점을 받았다.

어느 날 야간 자율 학습 감독을 하다 텅 빈 교실에서 혼자 있는 지영이를 보았다. 상담이나 할까 싶어서 교무실로 불렀다.

"공부는 잘되니?"

"지영이는 공부할 때 어떻게 해?"

"공부 방식을 바꿀 필요는 없을까?"

"……."

지영이는 대답이 없었다. 나는 담임이었지만 지영이의 목소리를 들은 적이 없다. 지금도 그 아이의 목소리는 기억나지 않는다.

그해 우리 반에는 말썽쟁이가 아주 많았다. IMF 직후 발생한 가정의 불안은 교실 붕괴로 이어졌고, 아이들은 세상을 불신하고 누구에게든 덤벼들었다. 수업하는 교사, 친구, 담임인 나에게까지……. 이런 친구들과 씨름하느라 지영이 같이 착실한 학생에게는 관심을 쏟을 여력이 없었다.

'공부를 못해도 성격만 좋으면 되지.'라는 말을 위안으로 삼았다. 그러면서 도움이 필요했던 아이들을 깊이 들여다보지 않았다. 일반계 고등학교에 근무하면서 지영이 같은 아이들을 많이 만났다. 목소리가 기억나지 않는 아이들, 문제를 일으키지 않고 묵묵히 앉아 있지만 성적은 늘 바닥인 아이들, 공부하는 방법을 몰라 포기한 아이들……. 고등학교 교사들은 목소리 내지 않는 '지영이'들이 많다는 것을 알고 있다. 하지만 바쁜 일상 때문에 그 아이들을 챙길 여력이 없었다.

그 시절의 고등학교 교육과정은 서울대학교에 진학할 학생을 위한 것이었다. 한 명 있을까 말까 하는 서울대 진학생을 위해 학교 교육과정이 편성되었다. 국·영·수 이수 단위, 탐구 과목 개설도 서울대 응시 기준을 따랐다. 서울대 진학은 꿈도 꾸지 못했던 수많은 학생들의 적성과 진로 희망 따위는 고려 대상이 아니었다. 서울대에 진학한 학생이 몇 명인지에 따라 학교의 위상이 달라지던 시절이었다.

소수만을 위한 학교 운영에 마음이 편하지 않았다. 진정한 교사란 공부를 잘하는 아이들도 챙겨야 하지만 부족한 아이들에게 더 많은 관심을 쏟아야 한다고 생각했다. 하지만 입시 성과를 무엇보다 중요하게 여겼던 교직 문화 속에서 나 역시도 도움이 절실했던 아이들을 방치하였다. 해 줄 수 있는 게 없다는 현실은 자괴감으로 다가왔다.

이상과 현실 속에서 분열된 자아

담임으로서 힘들기도 했지만 역사를 가르치는 건 재미있었다. 학교에는 국사 수업을 좋아하는 아이들이 만든 팬클럽이 있었다. 팬클럽 이름은 '국밥'. 국사를 밥보다 더 좋아하는 아이들이 뭉쳤다. 국밥 회원들의 가장 중요한 일은 국사 수업을 열심히 듣는 것이었다. 수업을 들으면서 재미있었던 점, 느낀 점을 편지로 써서 내게 주었다.

학생들은 국사 수업을 좋아했다. 근현대에 관한 사진과 영상 자료를 많이 보았고, 자신들이 살아가고 있는 현대 역사에 대해 더 많이 알게 되면서 수업에 집중했다.

생각해 보면 학생들은 내 강의보다 자신들이 발표하고 참여하는 수업을 더 좋아했던 것 같다. 책 읽고 소감문 쓰기, 일본군 위안부를 비롯한 현대 인물에 대해 극화 대본을 쓰고 시연하기, 역사 신문 만들기 등등. 모둠별로 함께 준비해서 학급 친구들을 향해 발표하는 수행 평가를 좋아했다. 학교 수업이 끝난 후 모둠별로 발표를 준비하면서 친구들과 친해졌고, 태어나서 처음 남들 앞에서 자기 목소리로 발표하면서 자신의 존재감을 느끼기도 하였다.

당시 고등학교 교육과정은 풀어야 할 문제집의 순서였다. 수시가 도입되기 전이었고, 대학 수학 능력 시험으로만 대학에 진학하던 시절이었기에 문제집 푸는 공부만 했다. 하지만 고등학교 과정이 시민 교육을 받는 마지막 단계라고 생각하는 교사들이 있었다. 나 또한 그러했다. 학생들이 자기 주관을 가지고 자기 의견을 당당히 말할 수 있는 시민이 되기를 바랐기 때문에, 역사를 배우면서 생각의 폭을 넓히고 자기 목소리로 자기 생각을 당당히 말할 수 있는 수업을 진행하였다.

현재 대학 수학 능력 시험의 한국사 문제는 아주 쉽게 출제된다. 하지만 당시 국사 과목 문제는 아주 어려웠다. 서울대에 진학하려면 국사 과목을 반드시 응시해야 했다. 그래서 역사 교사도 풀기 어려울 정도의 문제가 나왔다. 그런 상황에서 모둠 학습과 발표 위주의 수업을 했는데도 학생들의 불만은 거의 없었다. 입시 학원에서 만난 다른 학교 학생들보다 한국사에 대해 아는 것이 더 많았기 때문이다. 스스로 읽고 정리하고 발표까지 했으니 암기식으로 공부한 학생들보다 더 많이 아는 것은 당연했다. 나는 학생들에게 학습 동기를 강조했다.

"공부하는 데에도 재미가 중요해. 내가 교과서에 줄 긋고 이거 외우고, 이건 시험에 안 나오니까 외우지 마⋯⋯. 이렇게 공부하면 재미없지 않겠니? 1, 2학년 때는 여러 주제를 공부하면서 흥미를 가지고 책도 읽고 그러다가, 3학년이 되어서 입시 준비해도 충분해."

그 과목에 흥미와 관심이 있어야 공부도 신나게 할 수 있다고 하니, 학생들은 '지금', '당장' 재미있게 공부하고 싶다고 말했다. 학생들의 전폭적인 지지를 받으면서 1, 2학년 때에는 학생 활동 중심 수업을 진행하였다. 만약 우리 학교 학생들의 국사 수능 등급이 다른 학교 학생들에 비해 낮았다면, 그런 수업을 지속하기 어려웠을 것이다. 그러나 우리 학교 아이들은 국사를 좋아했고 수능 성적도 잘 받았다.

하지만 대한민국 고등학교 교사 중 학생들의 입시에서 자유로운 사람은 없다. 나도 그랬다. 1, 2학년 때에는 민주 시민의 자질을 강조하며 학생이 참여하는 역사 수업을 진행했지만, 3학년 때에는 그럴 수 없었다. 3학년을 맡으면 나도 입시 준비를 잘해 주는 교사로 변신해야 했다. 1, 2학년 때 암기 수업을 하지 않은 것을 보상해야 한다는 마음도 있었다. 수능과 모의고사 기출 문제를 분석하여 출제 경향 분석표와 학습 자료를 제작하고, 외울 것과 외우지 않아도 될 것을 구분해서 전달하였다. 마치 학원 강사처럼 내 말만 잘 들으면 수능에서 좋은 등급 받을 수 있다는 식의 말도 서슴지 않았다.

어느 해인가, 한 고등학교 교장이 부산 시내 수능 과목별 1등급 현황을 분석했다. 용도는 그 학교 교사들에게 입시 교육을 똑바로 하라고 다그치기 위한 것이었다. 분석 결과 내가 가르친 학생들이 한국 근현대사 과목에서 1등급을 가장 많이 받았다는 말을 전해 들었다. 물론 나를 치하하기 위해 이 말을 전한 것이겠지만 나는 기쁘지 않았다. "밑줄 쫙! 별표 두 개!"라고 말하며 수능 등급으로 학생들을 몰아붙이는 건 학원 강사지 교사가 아니라고 생각했기 때문이다.

나처럼 대한민국의 수많은 교사들은 이상적으로 그리고 있는 수업과 입시 현실 속 문제 풀이 수업 사이에서 갈등하고 있을 것이다. 교사라면 교과 학습에 대한 재미를 학생들과 나누고 싶다는 마음이 있다. 배움의 즐거움은 원초적인 것이기 때문이다. 그러나 입시를 위해서 수능에서 높은 점수를 받게 도와주어야 한다는 교사의 의무를 무시할 수도 없다.

그래서 나는 두 마리 토끼를 다 잡으려 했다. 1, 2학년 학생들에게는 경쟁을 강요하는 한국 사회의 모습을 비판하는 수업을 했고, 3학년 때는 학생들이 경쟁에서 이길 수 있게 도와주었다. 이상과 현실 속에서 나는 두 가지 모습으로 분열된 교사였다.

무엇을 어떻게 가르쳐야 할까?

입시 위주의 한국 교육에 염증을 느꼈다. '이건 아니다, 달라져야 한다.'라는 마음이 점점 더 강해졌다. 자연스럽게 혁신학교 운동에 관심이 갔다.

그러던 중 만덕고가 부산다행복학교가 되었다. 부산다행복학교에는 나와 같은 뜻을 가진 선생님들이 많지 않을까? 입시에 매몰된 고등학교 교육의 문제점을 해결할 실마리를 찾을 수 있지 않을까?

부산다행복학교에는 참교육을 실천하겠다는 교사들이 모여들었다. 하지만 고등학교 교육과정에 대해서는 서로 생각이 달랐다. 입시 현실에 대한 문제의식은 비슷했으나 변화하려는 방향은 달랐다. 수능과 수시 중 어디에 중점을 두고 교육과정을 운영할 것인지, 학생들의 진학을 위해 어떤 프로그램을 운영할 것인지 등에 대한 생각의 차이는 컸다.

고등학교 교사들은 입시를 완전히 벗어나 학생들의 삶과 연계

된 교육과정을 고민해 본 적이 없었다. 입시 체제가 만들어 놓은 교과 간의 벽은 높았고, 같은 사회과 안에서도 가르칠 내용에 대해 함께 의논하지 않았다. 하지만 부산다행복학교 교사들은 입시를 넘어서 학생들의 삶을 가꾸는 교육과정을 만들자는 과제 앞에 스스로 서기로 약속한 사람들이었다.

먼저 교사들끼리 마음의 벽을 허물고 대화를 나누는 것부터 시작했다. 한 달에 한 번 열리는 학년 범교과 협의회에서 생활교육뿐만 아니라 교육과정에 대해 의논하였다. 초등의 경우 학년 단위의 교육과정 재구성이 일상화되어 있지만, 중등은 그렇지 못했다. 특히 고등학교는 EBS 문제집만 가르치면 되기 때문에 모여서 의논할 필요가 없었다. 그런데 그런 고등학교 교사들도 주제 통합 수업과 범교과 학습에 도전하였다.

학년 범교과 협의회를 거치면서 '지역', '평화'처럼 주제를 중심으로 통합 수업을 하거나, 뮤지컬이나 독서를 중심에 놓고 통합 수업을 시도하였다. 2018년 1학년 범교과 협의회에서 다음과 같은 제안이 나왔다.

"주제 통합 수업을 하고, 그 결과물로 연말에 뮤지컬 공연을 하면 어떨까요?"

"역사과는 올해 3·1운동 100주년에 대해 주제 탐구 수업을 하려고 해요. 뮤지컬 주제를 이와 연결할 수 있을까요?"

"1학년 국어에서 일제 강점기 저항시인의 시를 배워요. 역사과의 탐구 주제를 저항시인으로 살짝 바꾸면 국어과 내용과 연결될 것 같아요."

"좋아요. 인물을 탐구할 때 3·1운동에 참여한 한용운, 심훈 등은 저항시인의 사례로, 최남선은 변절자의 사례로 다루면 될 거 같아요."

"그럼 국어과와 역사과가 하나의 주제가 될 수 있을 것 같고, 연극 단원에서 뮤지컬 대본 쓰기로 수행 평가를 하면 되겠네요."

국어, 역사, 음악과 교사가 함께 수업을 기획하고 실천하는 경험은 신선했다. 학생들은 역사 시간에 배우는 내용이 국어와 음악 과목 수업 및 평가로 이어진다고 하니 더 집중하였다. 하지만 이 해에 음악 선생님이 병가를 내면서 주제 통합 수업이 뮤지컬 공연까지 이어지지는 못했다. 아쉽게도 역사과와 국어과의 통합 수업으로 끝났다. 뮤지컬로 완성되지 못했지만 배운 게 있었다. 고등학교에서도 통합 수업이 가능하다는 것과 통합 수업에 대한 학생들의 기대가 크다는 것이었다. 내 입장에서는 무엇보다도 교사들과 협력하면서 느낀 재미, 신뢰, 동료 의식이 의미 있었다.

수업의 변화는 평가도 변화시켰다. 만덕고는 과정 평가의 반영 비율을 늘렸다. 이전에는 수업 시간에 엎드려 자고 학원 수업이나 인터넷 강의로 시험 성적을 잘 받는 아이들이 있었다. 교사들에게 달갑지 않은 유형의 아이들이었다. 학교 수업은 대충대충, 공부는 학원에 가서 하면 된다는 태도는 문제 풀이식 입시 교육이 만들어

낸 결과였다.

하지만 과정 평가 비중이 높아지면서 이런 학생들이 없어져 갔다. 지필 평가는 1회인 과목이 많았고, 과정 평가가 60~70퍼센트를 차지하게 되었기 때문이다. 고등학교라서 지식 습득, 즉 암기를 측정하는 평가가 필요하다는 걱정도 있었다.

"그래도 일반계 학교인데, 지필 평가 반영 비율을 낮추면 수능 준비는 우짜노?"

"우리 학교 아이들 중 수시로 대학에 진학하는 학생들이 더 많다는 걸 인정합시다. 그리고 학생 배움 중심 수업을 하면, 그에 맞게 과정 평가 비중을 늘려야 하지 않을까요?"

이런 논의를 거치면서 과정 평가를 늘리는 과목이 점점 늘어났다. 국어, 영어, 수학, 사회, 과학 등 입시 과목들도 과정 평가 반영 비율을 높였다. 학생들은 수업에 집중해야 했고 과정 평가에도 많은 시간을 쏟아부어야 했다. 성적이 좋은 학생들은 수업 시간에 열심히 하는 아이들이었다. 수업 시간에 잠을 자는 아이들이 점점 줄어들었다.

과정 평가 반영 비율의 증가는 학생들의 부담으로 이어졌다. 과정 평가를 수업 중에 실시하는 경우가 많았지만 그래도 학기 말이 되면 학생들은 이런저런 과제로 허덕였다. 조정할 필요가 있었다. 교무실에는 커다란 종이가 붙었고, 선생님들은 자기 과목의 과정 평가 내용과 시기를 써서 공유했다. 이런 노력에도 불구하고 과정 평가가 한 학기 동안 균등하게 흩어지지는 않았다. 하지만 가능하면 평가 시기를 다르게 조정하였고, 다른 교과의 과정 평가 내용도 공유하였다.

이를 통해 내 과목이 아닌 다른 교과에서 아이들이 어떻게 성장하고 있는지를 파악할 수 있었다. 이전에는 개인적으로 친한 선생님끼리나 수업이나 평가에 대해 이야기를 나누었다. 하지만 이제는 모든 교사들이 학생들이 배울 내용과 평가에 대해 논의하게 되었다. 이렇게 고등학교 교사들도 교과의 벽을 조금씩 깨고 서로 협력하는 것을 배워 갔다.

한 명의 아이도 포기하지 않는다

부산다행복학교로 지정되기 전의 만덕고는 교사들이 기피하는 학교였다. 교권 침해도 빈번했고 학생 흡연 문제도 심각했다. 수업 시간에 엎드려 자는 학생들도 많았다. 학교는 학생들에게 희망도, 재미도 주지 못했다.

하지만 부산다행복학교가 된 후 달라졌다. 교사들은 진심을 가지고 학생들을 대했고 학생들과 학교의 분위기는 따뜻해졌다. 만덕고에서 자퇴한 후 검정고시로 사범대에 진학한 학생이 교육 실습생이 되어 왔다. 한 달의 실습 기간이 끝날 때 이런 말을 했다.

"저는 고등학교 때 맨 뒷자리에서 잠만 잤어요. 늘 자니까 아무도 깨우지 않았어요. 그러다 '내가 여기서 뭐 하나.' 하는 생각이

들었고, 자퇴했어요. 선생님들도 말리지 않았어요. 그래서 만덕고에 대한 느낌은 늘 어둡고 힘들고 쓸쓸한 그런 거였어요. 지금 후배들은 진짜 행복해 보여요. 제가 학교 다닐 때는 혼자 내팽개쳐진 느낌이었는데, 지금 후배들은 손잡고 함께 자라는 듯한 느낌이에요. 지금의 만덕고라면 저도 자퇴하지 않았을 거 같아요."

이야기를 듣고 마음이 아팠다. 그래도 이 학생은 자기의 존재를 온몸으로 표현하였다. 자퇴가 그것이었으리라. 하지만 그냥 묵묵히 그 자리를 지킨 아이들도 있었다. 목소리를 전혀 내지 않았던 지영이처럼.

부산다행복학교 교사들이 꼽은 가장 감동받은 말은 "한 명의 아이도 포기하지 않는다."이다. 여러 이유로 배움으로부터 도주하는 아이들을 방치했지만, 이제부터는 한 명의 아이도 포기하지 않고 배움과 성장으로 이끌겠다는 의지를 담고 있다. 하지만 교사들은 배우기를 거부하는 학생들, 배우고 싶은데 방법을 모르는 학생들을 어떻게 교육해야 하는지 교육받은 적이 없었다. 예비 교사로 사범대학교를 다니던 시절 교육학 시간에 배운 것은 "말을 물가로 데려갈 수는 있어도 물을 마시게는 할 수 없다." 정도였다.

더 이상 수업에서 소외되는 학생들을 내버려 둘 수 없었다. 다른 선생님들도 같은 마음이었다. 무엇을 해야 할까? 이 친구들에게 가장 필요한 것은 무엇일까? 고민을 거듭한 끝에 다른 학교 사례를 참고해서 '다행복성장교실'이라는 프로그램을 만들었다. 학습 능력이 떨어지거나 학습 태도가 불량한 학생들을 대상으로 학습 동아리를 운영하고, 교사가 멘토가 되어 학생의 학습 습관 개선을 위해 멘토링을 하는 프로그램이었다.

학년 범교과 협의회에서 다행복성장교실의 대상자를 정하는데, 민재의 이름이 불렸다. 민재는 착실한 학생이었다. 수업 시간에는 늘 반듯한 자세로 앉아 있었다. 필기도 열심이었고 과제를 늦게 제출한 경우도 없었다. 자연 과목 선생님은 "그 학생은 문제가 하나도 없어요."라고 했다. 하지만 인문 과목 선생님들의 생각은 달랐다. 모둠 학습을 할 때 민재는 자기 생각을 말하지 않았다. 다른 친구들이 하는 말을 듣고 받아쓰거나 끄덕거리는 게 다였다. 민재가 써낸 글은 초등학생의 글과 별반 다르지 않았다. 다른 학생들이 10줄 정도 써낼 때, 민재는 4줄을 채 넘기지 못했다.

논의 끝에 민재를 다행복성장교실에서 공부하게 했다. 일주일에 한 번 정도 남아서 읽고 말하고 쓰는 것을 배우기로 했다. 어떤 학생들은 고등학생인데 이런 낮은 수준의 공부를 하는 것이 자존심 상한다고 했다. 하지만 민재는 다행복성장교실에 한 번도 빠지지 않았다. 『불편해도 괜찮아』, 『블루시아의 가위바위보』를 읽고 소감문을 쓰게 했다. 아이들은 30분 정도 글을 읽는 것도 지겨워했다. 하지만 민재는 읽고 쓰는 일을 성실하게 하였다. 소감문은 여전히 초등학교 학생 같았다. 그러다 두 번째 써 온 글을 읽고 물었다.

"민재는 왜 이 글을 골랐어?"

"제 꿈이 베이커리 사장인데, 일하는 사람의 입장을 생각해 볼수 있을 거 같아서요."

답변을 듣는 순간, 관심이 있으면 좀 더 어려운 글도 읽겠다 싶었다. 『골목 사장 분투기』라는 책을 권했다. "재미있는 책이에요?"라는 민재의 질문에 그냥 읽어 보라고 했다. 그 책은 한국의 자영업 실태에 관한 것으로, 국회에서 제정된 임대차법의 문제, 정부의 경제 정책, 젠트리피케이션 등을 다루고 있어서 쉬운 책이 아니었다. 2주 뒤 민재는 소감문을 제법 길게 써 왔다.

"저는 이런 책 처음 읽어 봤어요. 게으르고 낭비벽이 심한 사람만 신용 불량자가 되는 줄 알았는데, 글쓴이처럼 공부도 많이 하고 열심히 일했는데도 신용 불량자가 되었다는 말에 머리를 망치로 맞은 듯한 느낌이었어요."

국가 정책이 사람들의 경제 활동에 미치는 영향에 대한 글을 써왔다. 자기 꿈과 관련된 내용이어서 읽어 냈던 것 같다. 자기 삶과 연계된 것에 대해 호기심을 가지고 탐구하는 것은 인간이 살아가는 데 반드시 배워야 하는 바이다. 이 책을 계기로 민재는 성장하는 것 같았다. 교과 수업에서도 달라진 모습을 보였다. 이전보다 훨씬 긴 글을 쓸 수 있게 되었고, 친구들의 글을 베끼지 않고 자기 생각을 쓸 수 있는 아이가 되었다. 드라마 같은 일이라고 생각했다. 하지만 감동은 여기까지. 3학년이 되어서 글을 쓸 기회가 적어지자 민재는 다행복성장교실에 오기 전으로 퇴보하였다. 나는 다행복성장교실에서 민재의 성장을 보면서 보람을 느꼈고, 1년 뒤 다시 이전으로 되돌아간 그 애를 보면서 낙심했다. 나뿐만 아니라 다른 선생님들도 그러했다.

다행복성장교실에는 민재가 참여한 학습 동아리 외에도 학습 습관 개선을 위한 프로그램도 있었다. 교사 1명과 학생 1명이 멘토와 멘티로 묶여, 멘토인 교사들이 학생들의 수업 태도를 살피면서 칭찬과 격려를 하는 프로그램이었다. 1학기 말 학년 범교과 협의회에서 한 선생님은 멘토-멘티 프로그램을 하면서 교사로서 뿌듯함을 느꼈다고 평가하였다.

"그 애는 공부 안 하는 애라고만 생각했는데, 그 애를 챙기면서 교사로서 보람이 느껴졌어요."

하지만 다음 학기에 그 선생님은 다른 학생을 맡았다. 1학기 때와 달리 학생이 교사와의 상담을 거부했고, 관심의 결과도 긍정적으로 돌아오지 않았다. 학기 말 학년 범교과 협의회에서 선생님들은 1학기에는 보람을 느꼈는데, 2학기에는 자괴감만 느꼈다는 평가를 하였다.

공부하기 싫은 아이, 공부를 못하는 아이를 붙잡고 배움으로 이끄는 것은 공부를 잘하는 아이를 챙기는 것보다 몇 배는 더 힘들다. 선생님들은 뿌듯함과 자괴감을 번갈아 맛보았다. 하지만 모두가 하는 경험이었기 때문에 서로 격려하고 응원하였다. 한 명의 아이도 포기하지 않는다는 교사로서의 초심을 떠올렸다.

부산다행복학교 학생들이 말하는 배움

부산다행복학교에서 근무하면서 목소리를 들어 보지 못한 학생은 한 명도 없다. 모둠 학습을 하면 목청 높여서 친구들과 함께 의논한다. 주제 탐구 발표, 토의 토론 등 친구들과 선생님 앞에서 자기 생각을 발표한다. 모르는 것이 있으면 친구나 선생님께 물어보는 것을 두려워하지 않는다. 학생들은 아는 것을 나누고 모르는 것을 배우려는 자세가 몸에 배어 있다. 부산다행복학교는 배우려는 문화가 형성된 학교이다.

해마다 신입생 오리엔테이션에서 선생님들은 만덕고의 특색 있는 배움을 안내했는데, 2018년부터는 3학년들이 이를 담당하였다. 3학년들은 1학년 학생들에게 '만덕고에서 자기가 배우고 성장한 것'에 대해 안내하였다.

"우리 학교의 거의 모든 수업은 모둠 수업으로 이루어져요. 처음에는 저도 낯설고 힘들었지만, 만덕고에서 공부하면서 어느 순간 달라진 나를 발견했습니다. 먼저 주입식이 아닌 학생 스스로 생각하도록 요구받아서 능동적인 사고를 할 수 있게 되었어요. 그리고 모둠 친구들과 함께 도와주고 서로 성장하면서 시너지 효과가 무엇인지도 알게 되었습니다. 어려운 과제를 해결하면서 문제 해결 능력도 길렀고 리더십도 향상되었어요. 그리고 사회에서 일어나고 있는 여러 문제에 관심도 많이 가지게 되었어요.

우리 학교에서 좋은 성적을 받으려면 모둠 학습에서 협력을 잘

해야 한다는 것을 기억하세요. 내신 성적을 잘 받아야 가고 싶은 대학에 갈 수 있는 거 알죠? 우리 학교 수업은 모둠 학습을 잘하지 못하면 좋은 등급을 받지 못해요. 그러니 모둠 협력을 거부하지 말고 열심히 하세요. 이게 제가 해 주고 싶은 말입니다."

만덕고에서 학생들은 협력하는 것, 자기 생각을 말이나 글로 표현하는 것을 배웠다. 그리고 3학년 학생의 말처럼 수업 시간에 열심히 협력해서 받은 성적으로, 자신에게 맞는 대학에 진학하였다. 누구는 서울에 있는 대학에 갔고, 누구는 부산에 있는 전문 대학이지만 자기가 가고 싶은 학과에 입학하였다. 만덕고 졸업생들은 대학에서 훌륭하다는 평가를 받는다. 사회 문제를 이해하고 자기 생각을 표현하는 대학 교육에 최적화되어 있기 때문이다.

부산다행복학교에서 학생들은 교과서를 외우는 대신 스스로 해답을 찾는 공부를 하며 성장했다. 교사들도 학생들에게 어떤 배움의 기회를 제공할 것인지 토론하고 실천하였다. 이렇게 학교 학생들에게 맞춘 교육과정을 탐색하는 것은 교사들에게도 새로운 배움의 과정이었다.

학생들이 배우고 성장하는 모습을 보면서, 교사로서 많은 것을 배웠다. 지난날 학생들이 활발하게 참여하는 수업과 문제 풀이식 수업 사이에서 방황하였는데, 이제야 길을 찾았다. 학생들에게 부산다행복학교의 경험이 아름다운 추억이라면 내게는 소중한 배움의 경험으로 남았다.

교육과정이 꽃으로 피면

장지숙

함께 만들어 가는 뮤지컬 수업

"살살 때려라. 진짜!"

신성한 교실에서 이게 무슨 말인가? 3학년 아이들이 뮤지컬 연기 연습에 한창이던 12월, 친구의 뒤통수를 때려야 하는 장면에서 맞을 아이를 걱정하며 같은 모둠 아이들이 한 말이다. 이런 아이들의 대화와 맞을 아이가 안타까워 죽겠다는 표정을 몰래 지켜보며 나는 속으로 좋아 죽었다. 괜스레 마음이 좀 뻐근해지기까지 했다.

중학교 마지막 시험이 끝나고 내신 성적까지 마감되고 나면 학교의 교육과정이 제대로 돌아가지 않는 걸 여러 번 경험했다. 우리 집 두 아이도 2학기 기말고사가 끝나면 학교에서 하루 종일 영화만 봤다고, 그럴 거면 학교는 왜 꼭 가야 하는 건지 모르겠다고 불평하는 걸 듣고 마음이 무거웠다. 이런저런 핑계로 아무것도 하지 않으려는 아이들 속에서 고군분투하는 선생님들도 많이 계시지만 시기적으로 한계가 있을 수밖에 없다.

학교 선생님들과 이런 고민을 함께하고 있던 차에 무릎을 탁 치게 만드는 일이 있었다. 다행복학교로 출발하기 일 년 전, 학교 인근의 학생예술문화회관에서 열린 연주회에 전교생이 초대받아 참석한 적이 있었다. 공연 시작 전에 사전 교육을 하고 관람 매너를 지킬 것을 신신당부했지만, 공연이 끝난 후 올 것이 왔다.

"가람중학교 선생님들께서는 운영부로 와 주시기 바랍니다."

"아니, 아이들이 왜 저렇게 소란스럽고 매너가 없는 거죠?"

"죄송합니다."

아이들을 집으로 다 보낸 뒤 선생님들은 화끈거리는 얼굴로 성토회를 가졌다.

"정말 창피해 죽는 줄 알았다."

"세상에! 애들이 와 저렇노."

"다음부터 아예 바깥 체험 활동을 가지 말자."

그때 한 선배 선생님께서 조용히 말씀하셨다.

"애들만 탓할 일이 아니지 않나? 가정 형편이 좋지 않은 우리 학교 아이들이 이런 공연을 경험해 본 적이 있었겠나? 경험해 본

적도 없는데 몇 마디 말로 사전 교육을 한다고 해서 관람 매너가 금방 체화될 리도 없고. 그러니 공연을 즐길 수도 없었겠지."

"아니, 그래도 그렇지요……."

"우리 학교가 내년부터 다행복학교로 출발하면서 창의적 교육 과정을 고민하고 있으니까, 학교에서 이런 배움의 과정을 주면 좋지 않을까?"

그랬다. 우리 학교의 문화 예술 교육과정은 어떤 보고서를 참고하거나 '어느 학교는 이런 걸 한다더라.'를 듣고 따라서 만든 게 아닌, 우리의 고민과 경험으로부터 시작되었다.

해마다 2월이 되면, 새 학년을 준비하는 워크숍에서 1학년은 연극, 2학년은 단편 영화(또는 영상), 3학년은 뮤지컬로 교과 융합 수업 계획을 세운다. 그리고 2학기 중반이 지날 즈음엔 학년마다 기획 선생님을 중심으로 문화 예술 교육과정을 시작하기 위한 준비를 한다. 대주제, 교과 융합 수업 계획, 실기 수업을 지도할 전문가 초빙 상황, 학년 발표회 진행 일정 등을 점검하고 계획한다.

3학년 국어를 가르치는 나는 2학기 기말고사가 끝나자마자 담임 선생님들께 친구 관계, 역할 수행 능력, 리더십 등을 고려해서 한 반을 12명 정도의 두 모둠으로 나눠 달라고 요청했다. 잘하는 몇몇만 무대에 오르는 것이 아니라, 모두가 하나의 역할을 맡아 참여하는 뮤지컬 교육과정을 시작하기 위해서였다. 국어과와 사회과에서 대주제를 제시하고 관련 학습을 먼저 시작했다.

"얘들아, 우리 3학년의 철학이 뭐냐?"

"……."

"따뜻한 감성으로 세상과 소통하고 실천하기."

얼추 비슷하게 마구 던져 보는 아이들이 몇 있었지만 정확하게 말하는 아이는 없었다. (이것은 또 우리가 고민해야 할 지점이었다.)

"올해 우리가 함께할 대주제는 '나와 공동체'야. 교과별로 제시된 단원과 주제를 잘 살펴보고 시작해 볼까?"

"너무 어렵고 추상적인 거 같아요."

"그냥 우리가 하고 싶은 자유 주제로 하면 안 되나요?"

"응. 안 돼! 그 대신 자료를 읽고, 보고, 토의하면서 각 모둠에서 다루고 싶은 소주제를 찾아 봐."

아이들은 국어, 사회 시간에 대주제와 관련된 모둠의 소주제를 찾으며, 제안도 하고 토의도 하고 싸우기도 했다. 그래도 이때부터 아이들은 온전히 주인공이 되어 갔다. 둘러앉아 각자의 생각을 떠들썩하게 말하고 서로의 의견을 주고받는 모습, 별것 아닌 것에도 즐거워하는 얼굴들은 언제나 그렇듯이 참 예뻤다. 코로나19로 온라인 수업을 할 때는 협력 학습도 한계가 있을 수밖에 없었는데, 마주볼 수 있는 상황이 되자 아이들은 서로 배웠다. 그 모습을 그저 지켜보고만 있어도 행복했다.

이 과정은 생각보다 시간이 많이 걸렸다. 각자의 생각이 달라서 나왔던 의견이 수시로 엎어지고 변경됐다. 서로 별로라고, 유치하다며 토라지기도 하고, 교사에게 하소연을 하기도 했다. 교사의 본능이 스멀스멀 발동하려는 이때를 조심해야 한다. 한 발짝 멀리서 지켜보며 간섭은 최소한으로 해야 아이들이 온전히 자신들의 작품을 만들 수 있다.

"극적 상황에 처한 인간의 다양한 모습을 보여 주면서 공동체에 관해 생각해 보게 하는 건 어떨까?"

"열차 안이나 지하철 안에서 벌어지는 사건은 어때?"

"아파트 층간 소음을 소재로 하는 건 어때?"

"그건 너무 흔하지 않나?"

"심각한 가짜 뉴스 문제를 소재로 해 보자."

"요즘 취업 때문에 힘든 청년의 삶과 공동체를 다뤄 보자."

'흠흠. 얘들아. 좋다 좋아.'

모둠의 소주제가 정해지자 알아서들 역할을 나눴다. 대본, 연기, 음악, 소품과 배경 등등.

그러나 대본을 쓰는 과정에서 또 한 번 난관에 부딪쳤다. '심리 묘사를 좀 더 자세히 해 봐라.', '설명하듯이 하지 말고 입말로 대사를 바꿔 봐라.', '인물의 성격과 갈등이 더 두드러져야 한다.' 등등의 조언만으로는 좀처럼 나아가지 못하고 있었다. 답답함을 숨긴 채 지도 교사로서 약간의 의견을 내었다.

"선생님, 말씀하신 것처럼 하기 싫은데요."

뭐라고! 속으로 적잖이 놀랐지만 당황한 마음을 감추고 물었다.

"왜에?"

"우리 생각하고 다르니까요."

"그래? 쌤이 간섭을 하는 게 아니라 너희가 잘 쓰긴 했지만, 읽어 보니 살짝만 고치면 인물도 더 잘 살고 주제도 잘 드러날 것 같아서 그래. 전문가들도 연습하면서 대본을 엄청 수정하잖아. 그런 과정을 거듭하면서 작품이 완성되어 가는 거고. 간섭한다고 생각하지 말고 더 좋아지기 위한 과정으로 받아들이면 좋겠는데……."

이 부분은 연기 연습을 지도해 주시는 전문가 선생님이 오셔서 지도할 때도 아이들이 참 예민하게 반응하는 부분이었다. 4년째 경험해 봐도 늘 그렇다. 아마도 중학생인 이 시기가 예민한 때라서 그러려니, 한편으론 하라는 대로 제 생각 없이 하지 않으니 다행이려니 생각하며 마음을 달랬다.(물론 중간중간 속으로 욕도 엄청 하기는 했다.)

1차 대본이 완성된 뒤, 뮤지컬을 전공한 전문가 선생님을 모시고 실전 연습에 들어갔다. 먼저 아이들은 사건을 통해 드러내려는 주제와 인물에 대해 브리핑했다. 그리고 대사의 뉘앙스, 표정과 손짓, 생각지 못했던 동선까지 지도받으며 열정적으로 연습했다. 전문가가 가진 에너지와 유쾌함에 아이들은 매료당했다. 그 틈에서 나도 함께 배웠다.

'아! 저렇게 하는 거구나. 이래서 전문가 수업이 필요하구나.'

어디 물 흐르듯이 잘 되기만 했겠는가. 연습하는 동안 거듭되는 대본 수정, 섬세한 표정 연습, 대사를 살리기 위한 연기 연습, 쑥스러운 노래와 몸짓 표현, 끝없이 반복되는 연습과 뺀질거리는 모둠원과의 갈등으로 많은 아이들이 지치고 늘어지기 시작했다. 선생님들의 다독임과 격려가 필요한 순간이었다.

"주인공 한 명이 멋지게 한다고 해서 작품이 완성되는 것이 아니다. 네가 그 안에 있어야 한다."

"와! 네게 이런 면이 있었다니 정말 놀랍고 반갑다."

"어색하고 부끄러웠겠지만 무대에서 넌 충분히 그 사람 자체였어."

"분량이 적더라도 네가 하는 대사와 표정, 노래와 춤이 모둠의 공연을 빛나게 한다는 걸 잊지 마라."

"자기 파트가 아니어도 놀면 안 된다. 함께한다는 것을 늘 생각하고 서로 봐 주고 있어야 한다. 팀이니까."

우리가 아이들에게 자주 했던 말이다. 아이들은 아주아주 천천히 이런 말의 의미를 깨달아 갔다.

모두의 빛을 발견하는 기쁨

연습하는 동안 이제껏 보지 못했거나 몰랐던 아이들의 모습을 발견하는 것은, 수업만으로는 얻을 수 없었던 쏠쏠한 재미이자 기쁨이었다. 늘 실전처럼 불꽃 연기를 펼치던 형민이와 원필이, 시키지 않아도 대본에 깨알같이 연출 내용을 적어 놓던 태희와 가현이, 연기나 동선이 기억나지 않을까 봐 동영상을 찍어 복습하던 상원이, 지치지 않던 대사 분량왕 신데렐라 지연이, 그 소중한 점심도 먹으러 가지 않고 교수님에게 자기 연기 톤을 봐 달라던 연지와 예나, 리더 역할을 하느라 자신들도 힘든데 모둠원을 살뜰히 챙기고 격려하던 현서, 수현, 성욱이, 교실 바닥에 앉아 자동차 소품을 만드는 데 열중하던 3학년 1반 아이들, 누가 가르친 것도 아닌데 아이들은 그렇게 스스로 빛났다.

수업에선 자주 시큰둥했고 수업이 끝나면 곁에 와서 공부하는 게 힘들다고 말하던 경민이는, 신기하게도 뮤지컬 교육과정에선 신이 날대로 나서 늘 준비 모드가 되어 있었다. 어느 날엔 연기하는 것이 너무나 어색해서 어쩔 줄 모르는 모범생 친구에게

"야, 우리끼리니까 부끄러워하지 말고, 마음을 편안하게 가져 봐라. 니 어제보다 대사도 더 잘 들리고 괜안턴데."

하며 추어주기까지 하는 게 아닌가. '다른 친구의 상황이나 마음에 공감할 줄 알아야 한다.', '공동체의 문제에 관심을 갖고 함께 참여할 수 있어야 한다.' 백날 말해도 한 귀로 흘리던 말들을 뮤지컬 교육과정을 통해 저절로 배워 가고 있었다. 아이들은 그렇게 성장하고 있었다.

스스로 익을 때까지, 기다림

모둠의 소주제를 찾기 위해 토의할 때부터 대본을 쓰기까지 몇

번이나 갈등을 빚고 엎어지기 일쑤이던 모둠이 있었다. 꽤 오랜 시간 이어지는 그 상황을 지켜보려니 속이 답답하고 화가 뻗치고 실망감이 커질 대로 커졌다. '그래 기다려야지.', '어찌 하겠지.' 하고 기다리다, 완성된 대본을 마감 시한을 한참 넘기고서야 받았다. 다른 7개의 모둠은 벌써 진도가 많이 나간 상황이었다. 그런데 이번엔 또 주인공의 발성 때문에 서로 실랑이를 벌였다. 서로에게 불만이 쌓였고, 갈등의 골이 점점 깊어져만 갔다.

"얘들아, 진도도 진도지만 이렇게 가면 공연은커녕 모둠이 공중 분해 될 것 같은데…… 어쩌지?"

"……."

"일단 너희들 각자의 속마음부터 얘기해 보자. 연기를 잘하는 것보다 함께 준비해 가는 과정이 더 중요하단 건 너희들도 알지? 이런 과정을 잘 해결해 나가는 것도 우리가 뮤지컬을 하는 이유 중 하나야."

문제 해결력을 기르고, 공동체 역량과 의사소통 역량을 기르는 과정임을 설명하면서, 아이들이 스스로 입을 열고 마음을 열고 서로의 생각을 잇기를 기다렸다. 당연히 쉽지 않았다. 한 번에 될 리 없는 것임을 경험으로부터 알고 있었다.

시간이 점점 흘러 강당 무대에서 실전처럼 발성하고 동선을 점검해 보는 시간이 왔다. 아이들 사이에 긴장감이 흘렀고, 잘 해내고 싶은 마음도 읽혔다. 실수도 해 가며 자기가 할 일이 무엇인지,

함께 무엇을 해야 하는지를 배우는 시간이었다.

문제의 그 모둠도 무대에 섰다. 잘 될 리가 없지. 아이들이 크게 실망했다. '이제 어떻게 하려나. 포기할 건가?' 하고 생각하는데 저희들끼리 한참을 이야기하더니, 돌아오는 토요일에 학교에 연습하러 오고 싶단다. 나에게 함께 올 수 있냐고 묻는 것이었다.

토요일 1시에 모둠원 12명이 왔다. 강당을 열어 주고 죽이 되든 밥이 되든 해 보라며 아이들을 밀어 넣었다. 세 시간 이상을 줄기차게 연습하더니 이제 끝났다고 인사하며 가는 아이들에게 간식거리를 쥐어 주었다.

전문가 수업이 있던 다음 월요일. 교수님이 주말 동안 무슨 일이 일어난 거냐며 그 모둠 이야기를 하셨다. 그 모둠은 주말 연습 이후로 자기들끼리 엄청난 화합을 자랑하더니, 12월 30일 학년 발표회에서 정말 멋지게 공연을 펼쳤다. 누구하나 빠지지 않고 제 역할을 맛깔나고 자신감 있게 해냈고, 엔딩 무대에선 '영맨' 노래에 맞춰 깜찍한 몸짓으로 춤도 추었다. 우리는 눈물 콧물을 빼며 환호했고, 하도 박수를 쳐서 손바닥이 얼얼했다.

제대로 하지 못한다고 성에 차지 않는다고 내가 나서서 이리저리 코치를 하며 끌고 갔다면 어찌 됐을지 생각만 해도 아찔했다. 아이들이 스스로 자신들의 문제점을 바라보고 해결책을 찾아 가며 함께 노력했기에 제대로 해낼 수 있었던 것이다. 온전히 자신들의 힘으로! 내가 수업에서 여전히 잘하지 못하는 것 중 하나가 아이들을 기다려 주는 것이다. 이번에도 조급한 마음이 발동해서 기다리지 못했다면 아이들도 나도 실망감과 상처만 더 크게 받았을지 모른다. 제대로 가르치고 배운다는 것은 뭉근한 기다림을 필요로 하는 것임을 또 한 번 깨닫게 되었다. 아이들이 나를 가르친 것이었다. 여덟 개 모둠의 아이들은 연습 때보다도 리허설 때, 리허설 때보다도 학년 발표회 날 더욱 최선을 다했다. 모두가 함께한 3학년의 축제였다.

학교가 교육과정을 꽃으로 피우면

우리와 다른 미래를 살아갈 아이들에게 진정 필요한 역량이 무엇일까에 대한 이야기가 많이 오간다. 무언가를 해내는 힘을 역량이라고 한다면 그 역량을 가르치는 건 교과서에만 있지 않을 것이다. 교사와 학교는 교과서에서 배우는 것을 아이들이 적용해 보고 시도해 볼 경험과 과정을 마련해 주어야 한다. 그러한 것은 말로서, 분절적으로 할 수 있는 것이 아니지 않겠는가! 그래서 나와 우리 학교 선생님들은 혁신학교, 다행복학교의 꽃이 수업이고 교육과정이라고 생각한다. 주제에 대해 먼저 공부한 후에 아이들이 직접 기획하고 실행하는 모둠별 현장 체험 학습, 지역에서 이루어지는 실질적인 봉사 활동, 문화를 누릴 줄 아는 사람으로 자라기를 바라는 동시에 문화를 창조하는 경험을 주기 위한 문화 예술 교육과정 등은 우리 학교가 공들여 마련한 창의적 교육과정이다.

우리 아이들은 대답한다.

"엄청 힘들고 때론 이 어려운 걸 왜 하는지 의문이 들 때도 있었지만, 고등학교에 가 보니 그 경험이 얼마나 소중한 것이었는지 저절로 알게 됐어요. 토의 토론 수업, 협력 수업과 함께 이런 건 꼭 이어 나가야 해요."

"우리 모두가 어느 한 곳에서든 주인공이 될 수 있는 학교가 우리 가람중학교인 것 같아요."

부끄럽게도 몇 년 전까지는 교육과정에 크게 관심을 갖지 않았다. 그저 교육 계획에 있는 교육과정 편제 정도로만 이해했고, 숫자로 표시된 틈에서 내 고민은 없었다. 그러다 다행히 다행복학교에서 동료 교사들과 부대끼고 배우며, 함께 더 나은 교육과정을 고민하는 교사로 성장하게 되었다.

어려운 교육 현실에서 교육 활동의 방향과 가치를 고민하고 선택하는 것, 아이들에게 의미 있는 경험과 배우는 기쁨을 주는 창의적 교육과정을 고민하고 도전하는 것은 여전히 어렵다. 그러나 아이들의 대답은 또다시 나의 가슴을 뛰게 하고, 조금 더 고민하고 도전하는 교사로 나아가게 한다.

학교에서 교육과정을 꽃으로 피우면, 그 자리에 아이들은 열매를 맺고 키운다.

우리는 점점 조금씩 나아지고 있다

김종남

4H 학급 농부

"샘, 오늘 뭐 해요?"

점심을 먹고 있는데 농부 아이들이 생글생글 웃으면서 신나게 다가와 물었다. 이제 좀 키우는 재미를 느끼나 보다. 아이들은 뭐가 됐든 심는 일이면 다 좋아한다. 심으면 난다는 것을 본능적으로 알기 때문인 것 같다. 심고 나서 무엇이 자랄지 기대하는 것은 인지상정이겠지.

수업 시간에는 입이 무거운 아이들이 텃밭에만 나오면 작물들을 주의 깊게 관찰하고 자꾸 물어보며 자기 생각을 말한다. 삼삼오오 협업하는 가운데 저절로 진정한 농부가 되어 가고 있다.

보통은 개학하고 3월에 '4H 학급 농부' 동아리 회원 모집 포스터를 붙이고 신청을 받는다. 4년 전통이 소문이 나 학부모들이 아이들에게 가입을 강요할 정도다. 그래서 신청을 희망하는 새내기 회원이 많다.

3월 말 또는 4월 초가 되면 첫 모임을 열어 연간 활동을 안내하고, 동아리 반장 선거를 공지한다. 텃밭을 배정하고 어머니 농부와 일정을 맞추어 발대식을 하고 나면 드디어 자기 텃밭을 갖게 된다. '자기 텃밭'이라는 의미를 부여하는 이유는 작물 재배와 텃밭 관리를 더 소중하게 생각하도록 하기 위함이다. 그리고 각자 문구를 생각해 텃밭에 문패나 이름표를 붙인다. 2020년에는 코로나19 때문에 주로 온라인 수업을 했고 학년별로 순차적으로 등교 수업을 했다. 그래서 학생 대신 선생님들과 농부 어머니들이 퇴비를 넣고 객토 작업을 하며 땅심을 높였다. 머위, 쑥갓, 꽃상추, 청상추, 오크상추, 양배추 같은 상추, 신선초, 고추, 땅콩, 옥수수 등 여러 가지 채소를 심었다.

2학년 등교 기간에 2학년 학급 농부들이 점심시간에 제 발로 텃밭에 찾아왔다. 마스크를 쓴 채 고춧대를 세우고 고추를 끈으로 묶었다. 초보 손이지만 몇 명이서 협업을 하니 점심시간 안에 금방 끝이 났다. 손이 참 무서운 거다. 끈을 고추나무 발목에 묶은 아이도 있어, 물 주러 올 때 잘못 묶은 게 보이면 고쳐 묶으라고 공지했다.

힘들게 퇴비 포대를 옮기기도 하고, 땅을 일구며 잡초도 뽑고, 지주를 세워 비바람도 대비하고, 태풍이 지나간 뒤엔 작물 현황을 살피며 물로 이파리를 씻어 주고 천연 영양제와 천연 살충제를 뿌려 주었다. 부지런한 고추가 꽃을 피웠다 떨구고, 피고 지고 하는 사이 고추 열매가 주렁주렁 달렸다. 점심시간마다 고추를 따서 선생님들께 차례로 갖다드렸다. 어디나 그렇듯 배달 사고도 종종 났다. 어느 날 교감 선생님께 "오이고추가 식감도 좋고 맵지도 않지요?" 물으니 무슨 말인지 모르겠다는 표정으로 쳐다보셨다. '아, 배달 사고구나.' 아이들에게 확인하니 1층에 있는 교장 선생님께 가져다드렸다고 했다. 교장실로 가서 죄송합니다만 오늘은 교감 선생님 차례라고 말하고는 다시 받아 왔다. 아이들은 나누어 주는 즐거움을 계속했다. 담임 선생님, 교과 선생님, 행정실 선생님. 수확의 기쁨을 드리면서 '4H 농부'라고 자랑했다.

모종 상추 가운데 자리에 따로 상추씨를 뿌리며, 이게 다 크면 '삼겹살 데이'를 하자고 했더니 아이들은 매일매일 상추가 얼마나 자랐는지 살폈다. 기다리는 게 힘들지만 오늘 심어 내일 거두는 것은 세상에 없지 않은가. 기다림도 배우는 것이다.

2학기에는 김장 작물로 배추 모종과 무를 심었다. 천연 방충제인 자닮오일과 천연 방균제인 자닮유황을 분무하여 파종부터 초동 방역을 했다. 해충이 쪽파 냄새를 싫어한다고 해서 배추와 쪽파를 같이 심었다. 거기에다 배추흰나비 방지 모기장인 한랭사를 덮어씌웠다. 일주일에 한두 번씩 천연 살균과 살충을 하고 EM 용액을 분무하여 완전 유기농 생태 텃밭을 만들었다.

아이들은 한랭사 그물이 찢어진 곳을 꼬부라진 바늘로 보수했다. 잡초를 제거할 때도 마냥 즐거워했으며, 일이 없으면 시무룩했다. 아마도 일한 뒤 먹는 간식 때문이리라. 뜨거운 가을 햇빛에 새참으로 붕어빵 아이스크림을 사 왔다. 콩 한 쪽도 나누어 먹는다는 속담을 체험하자며, 붕어빵 아이스크림을 두 사람당 하나만 주었다.

하루하루 배춧속이 차올라 알이 생겼다. 김장까지 보름 정도 남은 때였다.

"이제 한줌 햇볕도 살이 되고 피가 됩니다, 여러분. 햇볕을 더 쬐게 하려면 한랭사를 벗겨야 해요."

아뿔싸, 새로 조성된 2층 옥상의 텃밭은 여름 내내 햇볕이 쨍쨍하고 교무실 바로 앞이라 문전옥답이 될 거라 기대하며 여름방학 중에 긴급히 만들어 놓았는데, 10월이 되자 하루 종일 해가 들지 않았다. 이래서 다들 남향을 찾는 거다. 잘 자라던 배추인데 칼슘 부족인지, 인산 부족인지 영문 모르게 이파리 끝이 노랗게 말라 가고 있었다. 계란 껍데기에서 분리한 천연 영양제와 EM 용액을 분무하여도 거기서 거기였다. 약으로 회생할 지경이 아닌 것 같았다. 2층에서 1층 남쪽 화단으로 이사를 했다. 이럴 줄 알고 상자 텃밭에 바퀴를 달았던가? 선견지명이었다. 아이들과 선생님들이 하루에 서너 개씩 열아홉 개의 상자 텃밭을 모두 옮겼다. 그래도 회생할 기미가 보이지 않아, 뽑아서 쌈배추용으로 선생님들한테 나누어 주고, 마늘로 갈아 심었다. 그래, 올해 심어 내년에 수확하는 작물도 있는 법이지. 짐 나르느라 고생했으나 스스로 큰일을 했다는 대견함 때문인지 아이들 표정이 밝았다.

4H 학급 농부의 하이라이트인 '따뜻함을 나누어요. 사랑의 김장 잔치'의 일정이 잡혔다. 이 행사는 2016년부터 매년 진행하고 있는 교육 활동이다. 학교 텃밭에서 가꾼 배추를 수확하여 씻고 절이고 물 빼고 마지막에는 배추에 양념을 치댄다.

배추를 씻어 절일 때, 포기를 보통 두 쪽으로 나누는데, 뿌리 쪽에서 하얀 부분까지 칼로 반쯤 자르고 이파리 부분은 손으로 열듯이 나눈다. 그래야 나중에 배추를 씻을 때 배추 속잎이 적게 부서진다.

김장 하루 전날, 절인 배추를 씻어서 가지런히 쌓아 물을 빼고, 고무장갑, 모자, 앞치마, 고무 통을 엎어 놓았다. 김장 하루 전 풍경은 항상 정갈하고 비장한 마음을 불러일으킨다.

김장 당일, 본격적으로 양념을 치댔다. 여러 번 문지르지 않고 한두 번 슬쩍 바르고 예쁘게 감싸서 통에 담았다. 어떤 김치는 홀로 계신 어르신들께 드려야 하기 때문에 배추를 네 쪽으로 작게 나누어 담았다. 김칫독에서 꺼낼 때 양이 적어야 남기지 않고 끼니마다 신선하게 드실 수 있기 때문이다.

김장 잔치의 꽃은 돼지고기 보쌈이다. 중앙 현관에 긴 책상을 놓고 모두가 한 입씩 보쌈을 먹게 했다. 세 번, 네 번 먹었다며 으쓱해하는 아이, 아홉 번을 먹었다며 무용담을 펼치는 아이도 있었다.

지역에 홀로 사시는 어르신 가정에 우리 중학교 아이들이 따뜻한 마음과 사랑을 담아 김장 김치 한 통과 쌀 한 포대를 배달해 드렸다. '동신은 사랑입니데이' 봉사 활동의 일환으로 원래 가가호호 방문하여 전달했는데, 이제는 주민센터에 일괄적으로 기부하는 방식으로 바뀌었다.

"아이들이 키운 배추로 김장해 어려운 이웃에 전달… 훈훈"
"학생들이 직접 농사를 지어 기른 배추로 김장을 해 이웃 어르신
들과 나누다"

지역 신문에 기사가 났다. 봉사 활동을 같이 간 아이들과 텅 빈 상자 텃밭 옆에 서서 '다행복입니다'를 인증샷으로 남기고 내년을 기약했다.

상자 텃밭에 땅심을 높이고 정성을 들여 똑같이 키우지만 크는 상태는 다 다르다. 우리가 정성으로 돌보고 가꾸지만 자라는 힘은 작물 자체에 있다는 것을 깨닫는다. 때가 되어 조건이 맞으면 늦더라도 언젠가 반드시 싹을 틔우는 씨앗처럼, 우리 아이들도 꽃 피우고 열매를 맺을 것이다. 인정해 주고 지지해 주고 기다려 주

면, 꼭.

1월

벌써 집 마당 구석에 수선화 촉이 올라왔다. 학교 정원에도 계절에 맞춰 피고 지는 꽃을 볼 수 있도록 씨앗 폭탄을 던졌다. 아이들은 '공감 성장 텃밭'에서 제철 채소를 유기농으로 키우며 아낌없이 내어 주는 자연의 생명력을 배운다. 풀꽃과 채소의 한살이를 바라보며 자연과 교감하고, 더불어 활동하며 협업이 무엇인지 배우고, 수확한 다음에는 나누는 즐거움을 느껴 본다. 2021년 4H 학급 농부 동아리를 이어 갈 선생님께 호미를 전달하고, 꽃양귀비 씨앗을 아이들과 함께 뿌리며 나름 의미 있는 인수인계식을 마쳤다. 해마다 새로 꽃피우는 4H 학급 농부 동아리. 아자, 아자, 아자!

49 : 51

참으로 난감한 숫자다. 좋은 계획도 다모임에서 부결되면 다시 추진하지 않고, 아무리 힘든 일도 일단 결정되면 끝까지 실행하자고 대원칙을 세워 놓았지만 결과가 49 대 51이면 참으로 찜찜하다. 결정에 따르기는 하는데 응집력이 약해서 실행으로 옮기는 추진력이 약하다. 교사 다모임과 워크숍에서 수평적 협의 문화가 구축되어 있음에도, 충분히 토론하지 않고 적당히 다수결로 결정하면 갈등이 내면에 남아 불협화음을 만든다. 말로는 소통과 화합이라 해 놓고서 독선, 독재와 다를 바가 없다.

인원이 적은 학교에서는 교직원 한두 명 차이로 의사가 결정되는 다수결 시스템은 소통과 화합의 걸림돌이 된다. 중요한 안건은 모든 교직원이 합의할 때까지 끝장 토론을 하거나, 다른 대안이 있는지 집단 지성으로 검토하고 점검해야 한다.

우리 학교에서는 점심시간을 80분으로 변경하자는 안건과 기존대로 50분으로 유지하자는 안건을 두고 새로운 의사 결정법을 적용해 보기로 했다. '포인트 쉐어링 보팅'이라는 분할 점수 투표 방식이다. 먼저 점심시간을 80분으로 했을 때의 교육적 장점과 생각지 못한 단점을 월드 카페식 또는 소규모 분임으로 토의하고, 추후에 전체가 모인 자리에서 토의 내용을 발표했다. 그 후 이런 저런 토론을 거쳐 장단점을 공유하고 포인트 쉐어링 보팅을 하였는데, 이 과정을 통해 우리 학교는 2017년부터 점심시간을 80분으로 운영하고 있다.

점심시간 80분, 다양한 자율 동아리

빵빵한 와이파이, 편안한 휴식 공간, 재미있는 만화책, 음악 감상, 영화 감상, 보드게임, 여러 가지 시합, 흥미로운 실험 실습, 작은 노래 공연, 다양한 취미 활동, 멍 때리기. 점심시간이 80분으로 늘자 다양하고 웃음 넘치고 재기발랄한 동아리 활동으로 학교가 시끌벅적했다. 교과 교실 안팎에서는 소집단으로 모여 꿈과 끼를 발산하는 활동을 하고, 즐거운 밴드 소리가 들렸다. 강당에서는 요일별로 운영 시간을 정해 농구와 배드민턴을 했다. 강당 뒤편의 족구장, 운동장, 학교 텃밭 등 학교 곳곳에서 아이들은 일반 수업 시간에서는 볼 수 없었던 색다른 잠재성과 개성을 보여 주었다. 나는 무엇보다 아이들이 점심시간에 즐겁고 활발하게 함께 어울려 뛰어노는 모습이 좋았다. 즐겁지 않은 삶 속에서 밝은 미래가 올 수 없다. 입학에서 졸업까지 즐거운 시끌벅적함이 3년 동안 지속된다면, 아이들 인생에 분명히 새로운 세계가 펼쳐질 거다.

올해 1학기에 열린 '동신 열린 한마당'은 다양한 자율 동아리 활동으로 채워졌다. '4H 학급 농부' 동아리에서는 공기 정화 식물 새 옷 입히기를, 농구, 배드민턴, 축구, 족구 등 운동 동아리에서는 학년 대항전이나 청백전을, '그리기' 동아리에서는 열쇠고리 만들기를, 'SW' 동아리에서는 드론 날리기를, '생각 수학' 동아리에서는 카탈란 다면체 만들기를, 밴드 동아리에서는 합주를, '보드게임' 동아리에서는 보드게임을, '진로 탐색' 동아리에서는 제빵 체험을, '수학 퍼즐' 동아리에서는 세팍타크로 공 만들기를, '공간 혁신' 동아리에서는 카프라 쌓기를, '컬러링 북' 동아리에서는 다빈치 다리 그리기를, '친구 사랑' 동아리에서는 푸드 테라피를 활용한 자아 탐색을, '독서 토론' 동아리에서는 영화 슈팅 라이크 베컴 감상을 했다.

이리저리 기웃거리는 무리까지 동아리에 포함시키면 자율 동아리만 30여 개 정도다. 학생 수 200명에 교원 수 24명인 작은 학교에서 이렇게 다양한 자율 동아리가 활동하고 있다는 사실이 놀랍지 아니한가? 점심시간 80분의 힘이라 생각된다.

이참에 점심시간 80분과 5교시를 블록 타임으로 묶어 창체 시간을 운영하면, 자율 동아리 활동 시간을 교육과정 속으로 끌어들여 창체 수업 시수를 감축할 수 있을 것 같다. 매일 적용하려면 6교시가 창체 시간일 때만 5교시와 6교시를 변경하면 될 듯하다. 창체 수업 시수 감축에 자율 동아리 활동의 질적 수준 향상까지 가능하니 꿩 먹고 알 먹고, 도랑 치고 가재 잡는 격이다. 특별한 날에는 점심시간과 5, 6교시를 묶어서 동아리 발표회나 예술제로 시간을 탄력적으로 이용해도 될 듯하다. 이래야 미래를 대비하는 학교 교육의 방향과 자세라고 말할 수 있지 않을까?

콩심팥심 두발삼콩 학부모 씨앗 동아리

2016년 6월 7일. '두발삼콩 행복 동신 밴드'가 시작되었다. 2021년에는 '콩심팥심 두발삼콩'이라는 학부모 씨앗 동아리 밴드도 만들어졌다. 콩 심으면 콩 나고, 팥 심으면 팥 난다는 단순하고도 신기한 자연의 법칙을 본떠 '콩심팥심', 작물은 농부의 발자국 소리를 듣고 자란다는 말을 본떠서 '두발'이라는 이름을 지었다. 그리고 선조들이 콩을 심을 때 한 구멍에 세 알을 심었다는데, 하나는 날짐승과 들짐승, 또 하나는 밭에 사는 벌레들, 나머지 하나는 사람을 위하여 심었다고 한다. 이런 의미를 담아 '삼콩'을 붙였다.

상자 텃밭을 배정하고 저마다 자기가 좋아하는 문구를 적어서 문패를 달았다. 캘리그래피 연수를 받은 게 텃밭에 올 때마다 힘이 된다. 땅을 일구듯이 마음을 일군다는 생각으로, 곱씹어야 할 문장을 예쁘게 적었다. 5년 동안 계절에 맞추어 이것저것 다양하게 많은 것을 심고 가꾸었다.

어머니들은 마음을 내고 시간을 맞추고, 삼삼오오 조를 짜고, 상자 텃밭 작물을 유기농으로 가꾸고 작물을 살피며, 자연스럽게 학교에 모였다. 밴드에 사진과 글을 정성스레 올리며 함께 교감하고 공감했다.

'아침저녁 수시로 모기가 많습니다. 모기 헌혈 조심하세요.'

'긴 옷과 모기 퇴치 스프레이, 바르는 모기약 챙기세요.'

'더위에 지칠까 물 흠뻑 주고 왔어요, 파릇파릇 채소들 너무 예뻐요.'

'물은 얼마만큼 주나요?'

'빠져 죽을 만큼 주세요.'

'물 주면서 무지개와 장난치는 아들을 보니 웃음이 났습니다. 잡초를 뽑으며 쳐다보니 무지개가 아들 옆을 따라다니네요.'

텃밭을 가꾸는 일은, 하늘과 바람과 계절을 느끼며, 작물들의 성장을 관찰하며, 서로를 챙겨 주고 격려하며, 궁금한 걸 묻고 답하며 삶의 경험을 나누는 과정이다.

우리는 단지 채소만 심고 가꾸는 게 아니다. 우리는 희망이라는 씨앗을 심고, 물을 주고, 기다린다. 배추에서 김장까지 이어지며 버무려지는 것은 김치만이 아니다. 비, 바람, 햇살, 아이들, 학부모, 교사가 버무려진다. '두발'과 '삼콩'을 잔뜩 치대야 다행복 교육이 잘 버무려진다.

사제동행하는 따뜻한 돌봄

사람은 단순히 눈으로만 보지 않는다. 저마다 신념이나 가치관, 생각, 태도, 살아온 경험이라는 여과 장치를 통해 세상을 바라보고 인식하고 해석한다. 누구나 다 아는 감미로운 맛도 있지만 인식된 맛도 있다. 삭힌 홍어 맛을 경험하지 못한 사람에게 홍어는 썩은 생선이다. 교실에서 일어나는 일도 교사가 어떻게 바라보느냐에 따라서 대응하는 방식이 달라진다. 따뜻한 돌봄을 원한다면 학생 행동 너머에 있는 내면을 보아야 한다.

윤리적 생활 공동체라 하면 교원과 학생이 한 이름표를 달고 학교에서 이분되지 않아야 한다. 아이들은 자신을 인정해 주고 믿어 주고 지지해 준다는 느낌을 받아야 배우는 힘이 커진다.

스스럼없이 손 드는 재기발랄한 아이들, 의사소통이 잘 되는 아이들, 귀 기울일 줄 아는 가슴이 따뜻한 아이들이 있고, 이들이 마음으로 소통하고 다양한 가치들을 배우는 곳이 다행복학교다.

우리 학교에는 '사제동행'이라는 특화된 돌봄이 있다. 여름 지리산 산행, 겨울 지리산 산행, 달빛 산행을 하며, 정해진 틀에서 벗어나 자연 속에서 생명의 소중함, 자연의 질서, 사람 사이의 관계와 협동을 배운다. 나는 뒤에서 등을 밀어 주며 아이들의 의욕과 끈기를 온몸으로 체험했다. 아이들은 밖에서 봐야 제대로 보인다. 학교에서 주눅 들었던 아이들도 산에서는 펄펄 날아다녔다. 태어나 처음 생고생을 하며 친구들과 밥을 해 먹고, 산장에서 주먹만 한 별을 보고, 정상에서 서로 고생했다고 악수하며 부둥켜안았다. 자기중심적이고 다소 이기적인 아이들도 산에서는 돕고 배려했다. 학교에서는 자기만 챙기다가 산에서는 먹을 것을 나누어 주었고, 물론 무거워서 나누는 경우도 있었지만, 힘들어하는 친구를 챙겼다. 30센티미터가 될까 말까 한 작은 걸음으로 끝이 보이지 않던 1,915미터의 지리산 천왕봉에 도달하자 아이들은 진한 만족감과 성취감을 느꼈다. 자연은 그 자체로 최고의 교육 프로그램이다. 산은 인간의 영혼을 정화한다. 인간 본성을 회복하는 치유력을 가지고 있다. 그리하여, 산(山) 교육이 산(生) 교육이라 한다.

나는 무채색보다 유채색이 좋아

김정아

일단, 한번 해 보겠습니다!

"제가 하겠습니다, 3학년 부장!"

처음으로 업무 분장 1지망을 소신껏 또박또박 적었다.

올해 우리 학교의 가장 큰 변화 중 하나는 '비담임 학년부장'의 첫 시행이다.

"담임을 안 하고 학년부장을 한다구요?"

"담임을 하지 않고 학년부장을 한다는 것이 현실성이 있을까요?"

"우리 학교는 학급이 많고 학년 단위로 운영하는 활동도 많아 담임을 하면서 학년까지 책임지다 보면 반 아이들에게 소홀해지고 어려운 점이 많습니다. 일단 한번 해 봅시다!"

모두 경험한 적 없는 일이라 그런지 시작도 전에 걱정 반, 기대 반으로 뒤숭숭한 2월이었다. 늘 그렇듯 2월엔 각자 그들만의 업무 분장표를 만든다. 권한이 1도 없는 우리끼리 모여 마치 강력한 인 사권을 가진 사람인 듯, 또는 학교의 한 해를 계획하는 학교장의 마음으로 나름의 업무 분장표를 완성해 본다.

물론 한 번도 우리의 뜻대로 업무 분장이 된 적은 없다. 업무 분 장을 발표하는 순간은 늘 '뜨아' 하는 예상치 못한 변수와 허를 찌 르는 반전으로 무너진 기대에 대한 허탈한 실소만이 남기 마련이 었다.

기대 반, 걱정 반. 드디어 인사 발표일!

"올해 3학년 부장은 김정아 선생님이십니다."

용감하게 희망했지만, 막상 되고 나니 내 발등 내가 찍은 건 아 닌지 이어달리기 출발 직전의 선수처럼 가슴이 뛰었다.

'일은 이미 저질러졌으니, 일단 해 보는 거지 뭐.'

그렇게 비담임 학년부장의 일 년이 시작되었다.

저, 여기 있습니다!

8시, 나의 자리는 주로 교문이었다. 비담임 교사라 교실에서 반 아이들을 맞이하는 대신 우리 학년을 교문에서 반갑게 맞이해 주 고 싶었다.

나의 학창 시절 아침 등굣길이 떠올랐다. 잘못한 것이 없음에도 불구하고 교문 양쪽에 서 있는 학생부장 선생님과 선도부 사이를 지나갈 때의 그 알 수 없는 긴장감!

아침에 부스스 눈도 못 뜨고 학교에 오는 아이들에게 굳이 아침 첫인사로 명찰이 없다는 등 치마가 짧다는 등 지적부터 하고 싶지는 않았다. 아이들을 웃는 얼굴로 맞이하고, 화장과 짧은 치마, 귀걸이보다는 아이들의 표정에 집중하려고 했다.

"현수야! 니 어제 몇 시에 잤노? 페북에 늦게까지 들어와 있더라!"

"쌤, 상윤이는 저보다 훨씬 오래 게임했는데요!"

한마디도 그냥 넘어 가지 않는다. 물귀신들.

"은경아! 넌 오늘 얼굴이 와 이리 부었노? 라면 먹었네, 먹었어."

"아니거든요, 1킬로그램 빠진 건데요!"

"슬기! 이리 와 보시오! 오늘따라 화장이 와 이래 찐하노? 누가 보면 니 내 친군 줄 알겠다."

"쌤, 오늘 남자 친구랑 하단 가서 새 옷 사기로 했어요."

시시콜콜한 대화를 하다 보면 축 처진 아이들의 얼굴에 생기가 돌기 시작한다.

점심시간 나의 자리는 주로 아이들의 배식대 언저리다. 어느 아이가 질서를 지키지 않고 배식을 받느냐가 궁금한 것이 아니라,

혹시 밥을 적게 먹거나, 그냥 굶거나, 함께 먹을 친구를 기다리며 머뭇거리거나 하는 아이가 없는지를 살피기 위해서다.

입으로 들어가는지 코로 들어가는지도 모를 전쟁 같은 점심 식사가 끝나면 또 다른 장소로 아이들을 살피기 위해 나선다. 점심 식사 후 아이들의 텐션은 하루 중 최고조에 달한다. 이런 흥분 상태의 아이들은 어김없이 학년 홈베이스에 몰려 있다. 아이들 사이에서 일어나는 대부분의 다툼이나 사고는 언제나 아주 사소한 몸짓, 스치듯 주고받는 작은 말에서 시작된다.

"예비 종 친다. 자, 어서 각자 교실로 가시요들."

양몰이 하듯 아이들을 교실로 보내고 나서야 나도 연구실로 돌아올 수 있다.

'비담임 학년부장'의 자리는 그렇게 아무도 정해 주지 않았지만 어디든 있어야 하는, 보일 듯 보이지 않는 자리였다.

같이 한번 해 볼까요?

부산다행복학교의 학년부장 업무 중에 가장 어려웠던 부분이 바로 학년 교육과정을 운영하는 일이었다. 21년 동안 교과 수업도 아직 헤맬 때가 많은데 '학년 교육과정 운영'이라니, 단어의 무게감이 부담스러웠다.

부산다행복학교에 근무하게 되면서 다양한 연수를 통해 다른 학교의 사례를 공유할 기회가 많았다. 다른 학교의 넘사벽 같은 사례를 들으면 들을수록 눈만 높아져서 교과는 뭐라도 융합해야 할 것 같았고, 학교 교육 활동은 당연히 학교 비전이나 학년 비전이 녹아 있어야 할 것 같았다. 아이스크림도 아닌데 말이다.

한마디로 말하자면 '나는 아직……, 준비가 되지 않았다!'

이것을 해결할 수 있는 유일한 방법은 매월 2, 4주 차에 운영되는 '전문적 학습 공동체'였다. 활용할 수 있는 소통의 매체가 있었지만 그것을 실제로 운영해야 하는 나로서는 배움과 힐링 사이에서 갈팡질팡할 수밖에 없었다. 2주마다 돌아오는 전문적 학습 공동체 모임이 늘 어려운 숙제 같았고, 카드값 명세서보다 더 부담스러웠다.

두둥, 전문적 학습 공동체 시간이 또 왔다. 그날의 주제는 바로 졸업 여행이었다. 졸업 여행을 그냥 떠나고 싶진 않았다. 내 기억 속에 학교에서 떠나는 여행은 버스 안에서 놀다가 내리라는 담임 선생님 말씀에 깨고, 어딘지 모르는 박물관을 줄줄이 비엔나 소시지처럼 줄지어 빠른 속도로 한 바퀴 돌고 오는 장면으로 남아 있다. 3학년 부장이 되면 꼭 '아이들이 행복한 졸업 여행'을 기획하고 싶었다.

다양한 사안에 대해 학년부장으로서 학생들을 설득해야 하는 일도 많지만 같은 담임 선생님들을 설득해야 하는 경우도 많다. 굳이 따지자면 학생보다 교사를 설득하기가 훨씬 부담스러웠고 섬세함이 필요했다.

익숙한 형태의 무채색 졸업 여행을 낯선 유채색의 졸업 여행으로 만들어 보자고 설득해야 할 시간이다.

졸업 여행 관련 유인물과 소소한 먹을거리 등을 준비하고 종례를 마치고 내려올 담임 선생님들을 기다렸다.

"음. 담임 선생님들, 이제 우리 슬슬 졸업 여행을 준비해야 할 것 같습니다."

"와, 어디 가요? 부장님?"

"음. 음……. 그러게, 올해는 어디로 떠나 볼까요?"

"우리, 작년하고는 다른 형태로 떠나 봐요!"

"아이들이랑 진짜 마지막으로 실컷 웃고 보내고 싶어요!"

나의 한마디에 우린 벌써 제주 올레길에 가서 반별 미션 대회도 하고, 독도 등대에 가서 태극기를 꽂으며 일본에 편지도 써 보고, 기차를 타고 동해안도 가고, 강원도에 가서 눈썰매도 탔다. 떠오르는 대로 말만 했는데도 이미 함께 떠난 것처럼 다들 즐겁게 웃었다. 부담스러워하며 하던 대로 하자고 하면 어쩌나, 섭섭함만 느끼는 건 아닌가 싶었는데, 괜한 걱정이었다.

어쨌든 첫 시작은 순조로웠다. 단지 장소만 바뀌는 것이 아니라, 여행이 아이들의 삶과 직접 연결된다는 것을 경험하게 해 주고 싶었다. 준비하는 방식도 새로웠으면 했다.

그 순간, 드디어!

늘 넓은 품으로 아이들을 담는 사회 선생님이 제안을 했다.

"부장님, 우리 아이들끼리 서울로 자유 여행을 하면 어때요?

"서울? 아이들끼리요?"

"재밌을 것 같기도 하고, 의미도 있을 것 같은데, 너무 위험하지 않을까요?"

"저도 아직 서울에는 한 번도 안 가 봤는데요!"

"학부모님이 승낙을 하실까요? 너무 위험하다고 반대하실 수 있어요."

"교장 선생님께서 보내 주시겠습니까? 관리자로서 선뜻 허락하기 힘드실 것 같아요!"

"그렇지만 평소 우리 교장 선생님이시라면 당연히 지지해 주실 것 같아요."

그렇게 우리 3학년의 마지막 학년 프로젝트 '서울에서의 특별한 5시간'이 시작되었다.

지금도 나는 이 날의 대화 중에서 '교사가 너무 힘들지 않을까요?'라는 말을 그 누구도 하지 않았다는 점에 매우 감사함을 느낀다.

그 뭣이라고? 함께하겠습니다!

일사천리는 이럴 때 쓰는 말인가. 지금 생각해도 인복 많은 학년부장이었다.

"그럼, 사회 시간에 아이들이 가고 싶은 코스를 구글어스를 통해서 살펴보고 모둠별로 일정을 정하도록 할게요."

"모둠은 교과에서 정하는 것보다 학급별로 담임이 정하는 것이 좋을 것 같아요. 왜냐하면 담임이 아이들 특성을 가장 잘 알고 있으니까요.

"동의합니다. 반에 특히 신경을 써야 하는 아이들이 있고, 함께 모둠이 될 수 있도록 도와줘야 하는 아이들도 있으니, 모둠은 담임이 학급의 특성에 따라 정하는 것이 좋을 것 같습니다."

"그럼 모둠은 인위적으로 정하는 것이 나을까요? 인원수를 제한하지 않아도 될까요?

"혹시 다른 반과 합쳐서 모둠을 짜고 싶다는 아이들이 나오면 어쩌지요?"

"남학생들만 모이면 너무 의미 없이 단순한 형태로 일정이 나오게 되지 않을까요?"

담임 선생님들의 의견을 따라 적기 바빴다. 역시 업무를 시작하기 전에 왜 해야 하는지, 가치와 방향을 먼저 공유한다면 누구의 것이 아니라 우리의 것이 되고 이미 의미 있는 활동이 된다. '혼자'가 아닌 '함께'는 어마어마한 힘을 준다.

"일단, 정리하자면 담임이 모둠을 정하고 모둠은 학급의 특성을 반영하기로 해요. 혹시 다른 반과 형평성에서 불만이 나올 수 있으니 뭔가를 결정해서 알리기 전에 우리끼리 충분히 협의하고 공유한 후 아이들에게 전달하도록 합시다."

"그럼 미술 시간에는 사회 시간에 작성한 계획서를 바탕으로 안내 지도를 만들도록 할게요. 모둠별로 4절지에 만들어서 가기 전에 홈베이스에 전시하면 다른 반 아이들도 코스를 서로 볼 수 있고 좋을 것 같습니다."

"국어 시간에는 다녀 온 후 보고서를 쓸게요. 단원에도 글쓰기가 있어서 연계하면 될 것 같아요."

"역사 시간에는 서울의 역사를 수업 시간에 둘러보도록 할게요. 아는 만큼 보이니 사전 연계 학습이 매우 중요할 것 같아요."

"다른 교과에서도 무엇이든 함께 준비하도록 하겠습니다, 부장님."

그렇게 우리의 3학년 마지막 졸업 여행은 '서울에서의 특별한 5시간'으로 주제를 정했고, 각 교과 선생님들은 하나의 주제로 통합될 수 있게 퍼즐을 맞추어 주셨다.

아이들의 모둠 주제도 우리 예상보다 훨씬 다양하고 흥미로웠다. 대학교, 한강, 맛집, 미술관, 고궁, 시장 등 아이들은 역시 무채색이 아니었다.

늘 빠지지 않던 '반별 장기 자랑'도 과감하게 하지 않기로 했다. 우리 학교에는 목요일 점심시간마다 자신의 특기를 살려 자유롭게 버스킹 할 수 있는 '뿜뿜 데이', 학교에서 학년 전체가 1박 2일로 공동체 활동을 하는 '학년 야영', 누구나 주인공이 될 수 있는 '편편 한마당' 등이 있다. 이미 춤 잘 추는 아이, 노래 잘 부르는 아이, 랩 잘하는 아이들의 실력을 3년 동안 충분히 봐 왔다.

졸업 여행이 단순한 체험에서 끝나지 않았으면 하는 마음에, 학년 다모임을 통해 반장들을 설득하고 반별 장기 자랑 대신 숙소에서 '보고서'를 작성하며 마무리하기로 결정했다. 처음에는 아쉬워했지만 3년간 우리가 아이들에게 준 신뢰와 정성 덕분인지 흔쾌히 동의해 주었다.

그동안 수학여행과 졸업 여행 때마다 준비했던 각종 MR과 반별 장기 자랑 상품 대신 보고서 작성에 필요한 수십 장의 전지와 매직을 차에 싣고 서울로 떠나게 되었다.

유채색으로 물들다!

새벽 4시. 눈이 저절로 떠졌다. 사실 떠졌다는 표현보다 뜨고 잤다는 표현이 맞을 것 같다. 처음 학년부장이 되어 떠나는 현장 체험 학습은 두 달 내내 돌덩어리를 네 개쯤 어깨에 매달고 다니는 듯한 부담을 주었다. 떠나는 것도 어렵지만 떠나기 위한 사전 준비는 상상 이상이었다. 각종 계획서, 발송 공문, 계약서, 동의서……. 일반적인 형태의 현장 체험 학습이 아니다 보니 걱정이 한두 가지가 아니었다. 더군다나 부산 촌놈들의 서울 자유 여행이 아닌가!

늘 지각하는 아이들도 이런 날은 제일 먼저 오기 마련이다. 제법 쌀쌀한 11월임에도 불구하고 아이들은 한껏 멋을 부리고 왔다.

새벽 6시 반, 모든 준비는 완벽했다. 사실 출발 전날 잠을 못 잔

것은 걱정도 걱정이지만 진짜 한번도 시도해 보지 않은 졸업 여행이라 매우 설렜기 때문이다. 어젯밤부터 준비하셨는지 교장 선생님을 비롯한 많은 선생님들이 컵에 과일과 간식들을 가득 담아 아이들에게 안겨 주시며 우리를 배웅해 주셨다. 긴장되었던 내 마음이 따뜻한 정성으로 진정되었다.

어느새 차는 서울에 도착했다. 경복궁 주차장에서 모둠별로 안내지와 미리 정해 놓은 모둠 단톡방을 확인하고 주의 사항을 꼭 지켜야 한다고 한 번 더 신신당부하였다.

아이들의 자유 여행은 정오부터 오후 5시까지였다. 시간을 좀 더 길게 주고 싶었지만 숙소와의 거리, 저녁 시간 문제로 짧을 수밖에 없었다. 어둑어둑한 밤까지 아이들을 서울 한복판에 두는 것이 많이 걱정스러웠던 것도 사실이다.

"모두 담임 선생님들께 중간중간 보고하고 사진 공유하는 것 잊지 말고. 이제 출발합시다. 우리만의 특별한 5시간을 행복하게 보내고 오도록!"

얼마 지나지 않아 아이들의 행복한 사진들이 단톡방에 올라오기 시작했다. 블로그에서 별점 5개를 받은 맛집 투어가 목적인 먹방계의 샛별들에게선 화려한 음식 사진이 올라왔다. 이 추운 11월에 기어이 한강 오리 배를 타 보겠다던 아이들은 페달 밟기에 금방 지쳤는지 입구 언저리에서 벗어나질 못했다. 진학을 희망하는 연세대에서 인증 사진을 찍은 학구파 아이들의 얼굴에선 이미 입학한 새내기의 표정이 보였고, 텔레비전에 나온 한강 라면을 맛본 흥 넘치는 아이들의 엄지손가락은 하늘을 향해 있었다. 통인시장 기름 떡볶이를 먹는 것이 버킷 리스트였다는 아이들의 표정엔 왠지 아쉬움이 묻어나 있었다.

남학생 넷은 타로 가게에 들러 언제 여자 친구가 생기는지 물어보았다고 했다. 이건 후담이지만 당시에 여자 친구가 생기지 않을 거라는 말을 듣고 아이들이 실망을 했었는데, 최근에는 그 집 참 용하다며 다같이 한바탕 웃었다고 한다.

'어, 이렇게 수월하게? 이렇게 아무 일 없이?'

속마음을 누가 들었나? 갑자기 돌발 상황이 생기기 시작했다. 지하철을 반대 방향으로 타서 베이스캠프인 경복궁에서 점점 멀어져 가는 아이들, 친구와 마음이 맞지 않는다며 서울 한복판에서 다투고 갑자기 따로 움직이겠다는 아이들, 내려야 할 정거장을 지나쳐 또 다른 방향으로 멀어져 가는 아이들까지.

갑자기 뒷목이 뻐근하고 긴장되었지만 처음이라고는 믿기지 않는 담임 선생님들의 발 빠른 대처(지하철 노선을 검색하여 가장 빠른 방법을 알려 주고, 서울 한복판에서 화해를 시켰다.)로 제시간에 숙소로 출발할 수 있었다.

생각보다 멋진 외관의 숙소에 다들 만족하였고 반별로 대형 연회장으로 내려와 보고서를 작성하며 하루를 마무리했다.

보고서를 쓰며 맛집 평가 별 5개에서 별 2개로 강등한 모둠도 있었고, 모둠에서 계획한 내용을 실제로 경험하고 난 후 달라진 점들에 대해 진지한 평가를 내리는 모둠도 있었다.

반별 장기 자랑 대신 아이들의 재기 발랄한 보고서를 찬찬히 보며, 부산다행복학교에 근무하고 있다는 사실에 교사로서 보람을 느꼈다.

지금 생각하면 아쉬운 점이 없는 것은 아니다. 내가 좀 더 역량 있는 부장이었다면, 아이들을 조금 더 믿고 자율권을 더 주었을 것이고, 학부모에게도 함께 설계할 수 있는 기회를 주었을 것이다. 교육과정이 교사만 만드는 것이 아님을 직접 경험하게 해 주었을 것이다. 또, 졸업 여행을 다녀온 후에는 우리만의 보고서로 끝나는 것이 아니라 우리의 멋진 경험을 후배들에게도 전할 수 있는 기회를 만들었을 텐데, 그러지 못해 아쉬웠다.

부산다행복학교는 이렇게 학생의 성장을 위해 고민하지만, 고민의 끝에는 늘 교사의 성장도 만날 수 있었다. 그렇게 우리가 함께 준비한 '서울에서의 특별한 5시간'은 몽글몽글한 감동으로 무사히 끝이 났다.

무채색이 유채색이 되었습니다

부산다행복학교는 '넌 어떤 교사야?', '네가 꿈꾸는 학교는 어떤 학교야?'라는 물음표를 던져 준 학교였고, 따뜻한 느낌표를 찍어 준 학교였다.

'왜 학년부장이 되었을까? 아이들에게 무엇을 주고 싶었을까?'

아이가 만나는 배움(교육과정 내의 배움 또는 학교에서 경험하고 알게 되는 모든 다양한 앎)이라는 과정 속에서 교사는 무엇을 할 수 있을까?

우리는 아이들에게 어떤 빛깔로 다가가야 할까? 아이가 만들어 갈 다양한 관계 속에서 스스로 선택할 수 있는 힘이 생기도록 도와주고 지지해 주는 역할을 우리 교사가 해야 하는 것은 아닐까? 나는 전문적인 교과 선생님으로 멋진 관계를 맺고 싶기도 하지만, 언제든 의지하고 닮고 싶은 옳은 어른의 모습으로 함께하고 싶다.

가슴에 명찰이 없다는 이유만으로 교문에서부터 아이를 지적하며 하루를 시작하지 않았으면 좋겠다. 이틀 연속 양심 실내화를 빌린 아이에게 "한 번만 더 안 가져 오면 양심 실내화 대여는 이제 없다."고 지적하는 대신 담임 선생님께 "아이가 실내화를 자꾸 안 들고 오던데 혹시 보셨어요? 못 챙길 만한 무슨 일이라도 생긴 건 아닐까요?"라고 물었으면 좋겠다. 내 반만의 아이가 아니라 우리의 아이가 되도록. 아이들끼리 교실에서 친구들과 잘하는 것을 서로 나누기도 하지만 모르는 것도 부끄럼 없이 물을 수 있는 그런 안전한 관계를 만들어 주고 싶다.

학년부장을 처음 하며 이런저런 고민을 할 때 우리 학년 담임 선생님들은 내가 혼자 끙끙거리는 모습을 그냥 두고 보지 않았다. 펼쳐 놓은 백지에 각자의 붓으로 자기만의 색깔을 입혀 주었다.

부산다행복학교 3년째가 되던 그해, 드디어 우리 학교는 무채색이 아니라 함께 어우러지고 아름답게 빛나는 유채색으로 물들었다. 서로에게! 특히, 내 가슴속 깊이 선명하게!

4

서로를 보고 배우는 교사들

수업 나눔, 따뜻한 공동체로 가는 길

김민화

수업 나눔, 그 강렬한 첫 경험

2018년 4월 4일 수요일 6교시. 다른 반 학생들은 5교시 수업을 마치고 모두 귀가했는데, 1학년 1반 학생들은 영어 교과실에 모여 있었다. 교장 선생님, 특수반 선생님, 보건 선생님, 사서 선생님 등 여덟 분 남짓한 1학년 교과 담당 선생님들이 영어과 공개 수업 참관을 위해 모였다. 혁신학교에 전입하고 처음 하는 학년 단위 공개 수업이었다. 기대 반 설렘 반으로 내가 관찰을 맡은 5모둠 자리 곁에 섰다. 19년 교직 경력에서 과학 교과가 아닌 타 교과의 수업을 그것도 비교과 선생님들도 함께, 교사가 아닌 학생들의 배움 과정을 관찰해 보기는 처음이었다.

'수업 발표 대회도 아닌데 이렇게 많은 교사들이 모인 자리에서 수업하는 건 떨리지 않을까?' 하는 걱정을 하던 차였다. 인도, 핀란드, 영국에 관한 퀴즈를 풀기 위해 모둠끼리 어휘 학습지를 작성하는 과정으로 접어들 때, 내가 관찰하는 5모둠 아이들은 침묵에 빠져 있었다. 당황스러웠다. 평소 얌전한 아이와 학습 성취도가 낮은 아이가 말을 안 하는 건 그렇다 쳐도, 분명 과학 시간에 활발하게 발표하던 아이까지 입을 꾹 다물고 있는 이유가 뭘까? 평소와 달리 선생님들이 너무 많아서 긴장한 탓인가? 그때 침묵을 깨는 한마디.

"영어 사전을 보고 써도 되나?"

"어, 쌤이 그렇게 하라고 했잖아."

"근데, 사전에서 단어 뜻 어떻게 찾는지 알아?"

"잘 봐. 단어 맨 앞에 있는 알파벳부터 순서대로 사전에서 찾아가는 거야."

"근데 이 단어 뜻이 이게 맞나?"

이어서 모둠끼리 교과서 본문을 나누어 읽은 뒤, 돌아가며 해석 내용을 공유하는 과정이 진행되었다. 모둠 내 공유가 끝나는 대로 학급 전체 공유를 하겠다는 선생님의 말씀에 5모둠 아이들은 약간은 긴장하고, 약간은 조급해했다.

"난 진짜 영어가 싫어."

나지막한 고백이 들려왔다. 과학 시간에는 허세와 참견으로 모둠 활동의 중심에 서고 싶어 하던 아이가 영어 시간에는 정반대의 모습을 보이고 있었다.

"이렇게 하면 해석이 맞나?"

얌전한 아이가 말없이 문장을 고쳐 주자 그제야 표정을 풀고 전체 공유 발표까지 무사히 해냈다. 1반 아이들은 대체로 영어 울렁증이 아주 심했고, 초등학생보다 못한 수준인 아이들도 많았다. 영어 성적은 부모의 경제력과 직결된다는 우스갯소리도 있는데, 혹 그런 영향이면 어쩌나 씁쓸했다.

수업이 끝나고 수업 나눔 협의회를 시작하였다. 수업 교사가 소감을 말하고 난 뒤, 참관 교사들이 돌아가며 자신이 관찰하고 배우게 된 사실을 이야기했다. 나를 비롯해 새로 전입한 교사들에게는 타 교과 수업을 참관하는 것 자체가 신선했다. 마치 자기가 중학생으로 다시 되돌아간 것마냥 학습지도 풀어 가며 열심히 수업에 참여했다고 고백하는 교사도 있었다. 또 수업 교사가 아닌 관찰자로서 학생들을 가까이에서 지켜보니, 자기 수업 시간에 만나던 아이들의 또 다른 면모를 발견하게 되어 놀랍기도 하고 기쁘기도 했다는 교사도 있었다.

"수학 시간에는 호시탐탐 수업과 관계없는 얘기나 하려고 드는 아이가 영어 시간에는 모둠 내에서 주도적인 역할을 하고 있었어요. 정말 다행입니다. 아이가 달리 보이기 시작했어요."

"저는 수업 시간이 부족하다는 평계로 전체 아이들이 돌아가며 발표하는 수업을 잘 하지 않았어요. 오늘 전체 공유 시간에 아이들이 서투르지만 제 목소리를 내고 다른 아이들 발표에 경청하는 모습을 보니, 제가 중요한 교육 활동을 빼먹고 있었다는 생각이 들었어요. 많이 배웠습니다."

매일 아침 교문맞이를 하는 교장 선생님은 1학년 1반 아이들과 아침에 나눌 수 있는 이야깃거리가 많이 생겼다며 좋아하셨다. 보건 선생님은 영어 시간에 자주 배가 아프다고 보건실에 오는 아이가 이제는 이해가 된다고 하셨다.

나는 왜 공개 수업이 아니라 수업 나눔이라고 부르는지 알 것 같았다. 한 사람의 수업이 여러 교사로 하여금 자신의 교육 활동을 되돌아보게 하는 민들레 홀씨가 되었으니 말이다.

이 수업을 통해 내가 가장 크게 깨달은 것은 모둠 안에 있는 보이지 않는 역학 관계가 수업에 정말 큰 영향을 미친다는 사실이다. 실험 활동이 위주인 과학 모둠 수업에서는 아이들의 액션과 실험 결과물에만 치중했기에, 학생들 간의 관계에 대해서는 대충만 파악하기 일쑤였다. 정말 한쪽 눈은 가리고 수업을 해 왔구나 싶었다. 소소하지만 차분히 대화하며 서로 도움을 주고받는 수업을 좀 더 일찍 목격했으면 좋았을 뻔했다.

2018년 영어과를 시작으로 미술, 체육, 국어 수업 나눔에 참관했다. 이를 통해 1학년 아이들이 교과별로 어떤 성취 기준을 어떻게 달성해 가고 있는지 조금씩 알 수 있었다.

뭉클하고도 강력한 힘, 동료

2학기 자유 학기제 수업에서는 국어과를 중심으로 범교과 융합 프로젝트 '우리 마을 프로젝트'를 해 보기로 했다. 1학기 말부터 한 달에 두세 번 학년 교육과정 협의회를 열어, 각 교과들이 어떻게 연결될 수 있는지 고민하며 세부 프로그램을 맞춰 나갔다. 프로젝트 활동을 통해 마을 환경을 살펴본 아이들은 마을 어른들과 진지하게 이야기하고 난 뒤 보고서를 만들어 발표회를 했다. 무척 힘이 들었지만 우리 모두 부쩍 성장했다는 희열을 맛볼 수 있었다.

2019년 2월, 새 학년 워크숍에서 학년별로 누가 첫 번째 수업 나눔 주자가 될 것인가에 촉각을 곤두세우고 있었다. 그때 50대 중반의 미술과 선배 교사가 가장 부담스러운 첫 번째 순서를 자원했다.

"첫 번째라 준비가 부족했다는 말은 덜 들을 테니 오히려 부담이 없네요."

전입 교사나 후배 교사에게 우선권을 배려(?)해 주는 고질적 교직 문화가 슬그머니 뒤로 물러나는 아름다운 순간이었다. 그러나 2년 정도 수업 나눔을 해 오면서 불현듯 불안감이 생겼다. 모두 입을 모아 우리 학교 수업 나눔은 교사에게 부담을 많이 주지 않아서 좋다고 말하고, 나 역시 아이들을 관찰하며 내 수업과 학생 생활 지도에 큰 도움을 받았음에도 어쩐지 그 불안감은 커져만 갔다.

왜 이런 감정이 생겼을까? 동료 교사들과 대화해 보기도 하고 학년 말 교직원 자체 평가에서 나온 이야기를 곰곰이 되짚어 보기도 했다. 그러다 문득 불안감의 원인이 모두가 지금 상황을 유지하는 게 편해서 안주하고 있기 때문은 아닐까 생각했다. 다들 '수업 혁신'을 해야 한다고 생각은 했지만, 지금의 모습을 바꿀 만큼 절박한 일은 아니라고 생각했다. 혁신은 절박함에서 나온다고 하지 않나. 거칠게 질풍노도의 시기를 보내고 있는 남학생들과 날마다 전쟁을 치르며, 절박함의 초점을 생활교육에만 두고 있었기에 수업 혁신에 관한 논의는 계속해서 뒤로 밀려났던 게 아닐까?

2020년 교육과정 부장이 되면서 불안은 현실적인 숙제가 되어 나를 압박했다. 혁신학교를 지탱하는 가장 큰 힘은 자발성이다. 어떻게 하면 교사들이 자발적으로 수업 혁신이 절박한 과제라는 인식을 가질 수 있게 할까? 고민은 오래 가지 않았다.

"사전에 수업을 함께 디자인하고, 수업 나눔 날 말고도 편하게 수업을 여는 '교사 수업 동아리'를 만들어 보면 어떨까요? 사실 저는 수업을 관찰하는 방법도 잘 모르고 있는 것 같아요. 아이들을 관찰하기는 하지만 어떤 부분을 의미 있게 찾아내야 하는지도 잘 모르겠고요. 또 사전 수업 디자인 회의에서는 마치 애써 준비한 수업 교사를 지적하는 것 같아 부담스러워서 차마 입이 안 떨어지기도 했어요. 나부터 이렇게 자신이 없는데, 다른 교사들에게 한번 제대로 해 보라고 말할 자신은 더더욱 없었지요."

나의 고민에 국어 선생님께서 말씀하셨다.

"너무 걱정하지 말고, 일단 하나씩 해 봅시다! 일단 해 봐야 잘 될지 못될지를 가늠할 수 있잖아요. 저는 배움의 공동체 회원으로 활동하고 있으니 도움이 될 수 있을 겁니다. 그리고 수업 동아리 는 제가 주관해서 회원을 모아 볼게요."

교무실 옆자리의 국어 선생님은 천군만마를 이끌고 와 준 은인 이었다. 같은 업무팀 동료 교사들도 '걱정 마, 우리가 있잖아.'라 는 강력한 에너지를 내뿜으며 나를 지원해 주었다.

관리자를 제외한 서른 두 명의 교사 중에 여덟 명이 수업 동아 리를 만들고 진하게 수업을 나눠 보고자 모였다. 업무팀과 담임 팀, 선배 교사와 신규 교사, 정교사와 기간제 교사가 고루 모인 꿈 의 조합이었다. 서로의 수업을 가감 없이 열고, 원 없이 수업 수다 를 떨어 보자는 야심찬 의도로 시작한 수업 동아리는 늦가을 수업 기행 프로그램으로 마무리될 예정이었다. 코로나19라는 무시무 시한 복병이 나타나기 전까진.

진하게 通한 사이, 우린 수업 동아리 회원입니다!

2주, 한 달, 석 달, 한 학기, 일 년이 되어도 코로나19는 기세등등 했다. 이놈은 우리가 만든 계획을 휴지 조각으로 만들어 버렸다. 미 루었다가, 멈췄다가, 못하겠다 포기하고 말았다. 원격 수업 플랫폼 구축, 수업 동영상 촬영, 방역 대책 수립. 모두가 헉헉대며 따라가 기 바빠 원격 수업을 해내는 것만으로도 장하다고 여길 정도였다.

'줌(ZOOM)'으로 쌍방향 수업을 한다지만 그래도 일방적인 전달 수업이 주를 이루었고, 우리 학교 원격 수업 플랫폼인 '위두랑'으로 과제를 주고 평가해 주지만 아이들이 얼마나 이해하고 있는지 파악하기가 어려웠다. 학생 중심 수업을 해 보자고 발버둥 쳐왔던 노력들은 다 사라지고, 강의식 수업만 우뚝 남아 있었다.

동료 교사들과 논의에 논의를 거듭하며 전열을 가다듬었다. 수업 동아리 활동을 재개하고, 2학기엔 어떤 형태로든 수업 나눔을 해 보자고 했다. 수업 동아리 회원들끼리 인근 수원지를 산책하고, 저녁밥을 함께 먹는 자리부터 마련했다. 민낯과도 같은 수업을 공개하기 위해선 친해지는 게 먼저였다. 제법 긴 코스를 땀 흘려 걷고 맛있는 음식을 먹으니, '내가 생각하는 수업이란?' 같은 오글거리는 주제에도 허심탄회하게 이야기할 수 있었다. 시작은 멋쩍었으나, 수다는 길고 매끄러웠다. 수많은 교사 연수에서 듣던 '교사는 자리만 만들어 주면 끝없이 말할 수 있는 존재'라는 말은 정녕 사실이었다. 몇 년을 같이 근무해도 몰랐던 동료의 새로운 면모를 알게 된 것이 우리가 그날 가져간 선물이었다.

3주 뒤 각자 수업 관련 책을 골라 읽고 신선한 수다를 늘어놓았다. 교과 시간에 바로 적용할 수 있는 책, 수업 나눔 전반에 관한 노하우를 알려 주는 책, 스스로 부족하다고 여기는 부분을 채울 전공 서적, 혁신학교 시스템을 이해할 수 있는 책. 그 다양한 도서 목록은 현재 우리가 무엇을 고민하고 있는지 여실히 보여 주었다.

2학기가 되었지만 코로나19 확산세로 학생의 3분의 1만 등교할 수 있었다. 굴하지 말자고 다짐하며 수업 나눔 집중 기간을 정해서 서로서로 참관할 시간표를 짰다. 빈 교실에 혼자 앉아 모니터 속 아이들과 수업하는 데 익숙해진 지 얼마 되지도 않았는데, 이런 모습을 다른 교사들에게 보여 주려니 부담이 이만저만이 아니었다.

줌 소회의실을 만들어 모둠 활동을 하고, 사전에 배부한 자료를 이용하여 원격 실습수업을 하고, 퀴즈 사이트를 활용하고, 채팅창에 답을 쓰고 돌아가며 발표하게 하였다. 원격 수업이라서 어쩌면 더 공평하게 의견을 말하고 경청하는 것도 같았다. 각자 집에 있는 소품을 활용하여 발표하는 것도 재미있었고, 구글 설문지를 작성한 뒤 함께 풀이해 보는 수업도 재미있었다.

다른 선생님의 줌 강의실에 조용히 입장하여 선생님이 관찰해 달라고 요구한 사항들을 부지런히 클리어해 가는 과정들도 새롭고 즐거웠다. 교실 수업 나눔과는 달리 전체 아이들의 발언과 반응을 세밀하게 관찰할 수 있다는 사실이 매력적으로 느껴졌다.

동아리 활동의 하이라이트는 그다음 주에 있을 수업 나눔 피드백 모임이었다. 수업자 순서를 정하여 자신의 수업 의도를 발표한 뒤, 그 사람의 수업을 관찰하며 새롭게 배우게 된 점과 소감을 돌아가며 말하기로 했다. 여덟 명 모두가 수업 이야기를 마치기까지 무려 4시간 정도가 소요되었다. 놀라운 집중력에 스스로 대견했지만, 한편으로는 교직 경력 20년 동안 이렇게 긴 시간을 순수하게 수업 이야기로 채운 적이 없었다는 사실이 부끄러웠다. 그러나 시작은 수업 이야기로 했어도 이내 아이들과의 갈등과 고민, 동료 교사와의 갈등으로 이야기가 흘러가 버리기 일쑤였다.

집단 몰입의 경험은 우리들을 더욱 용감하게 만들어서 자연스럽게 교과 융합 프로젝트 관련 원격 연수를 듣고 함께 공부해 보자는 다음 목표가 세워졌다.

수업 나눔의 배가(倍加) 법칙을 경험하고

1학기는 맥없이 코로나19에게 당하느라 수업 나눔을 하지 못했다. 하지만 2학기에는 수업 동아리 경험을 바탕으로 방역 지침을 어기지 않는 범주 내에서 수업 나눔을 해 보기로 했다. 일단 교사들이 한 달간 자율적으로 동료에게 수업을 열어 보기로 했다. 관리자를 비롯한 그 누구도 강제하지 않는 자율적인 수업 나눔이었다. 옆자리 동료에게 자신의 수업을 설명하거나 조언을 구하는 것, 원격 수업에 초대하는 것, 교실 수업 일부를 공개하는 것. 그어떤 형식도 괜찮았다. 설령 수업 나눔을 하지 않은 교사가 있다고 해도 뭐 어떤가, 자발성이 없는 수업 나눔은 우리들의 성장에 전혀 도움이 되지 않을 것이므로 상관없었다.

그다음으로 수업 나눔 경험이 풍부한 강사를 모셔 와 수업 나눔의 의미, 사전 수업 디자인 협의회를 하는 방법, 수업 나눔에서 관찰해야 하는 요소에 대해 이야기를 들었다. 배우면 용감해지는 걸까? 코로나19 방역 단계가 낮아진 즈음에 내가 전체 제안 수업에 도전하는 일을 저질렀다. 혁신학교 3년 차 만에 처음 해 보는 경험이었다. 아무리 코로나19 상황이지만, 올해 전입한 교사들과 후배 교사들에게 한 번이라도 제대로 된 수업 나눔을 참관하게 하고 싶었다. 순전히 교육과정 부장으로서의 책임감에서 발동된 주제넘은 결정이었다.

2학년 과학 '앙금 생성 반응'이라는 주제로 전 교사가 함께 참여하는 사전 수업 디자인 협의회를 열었다.

"앙금 생성 반응 실험이 아이들에게 그저 흥미로운 색깔 확인용 실험에 그치지 않고, 이온들 간의 반응을 깊이 이해하고, 나아가 자신의 삶과 연결해 볼 수 있는 수업이 되길 원합니다."

나의 수업 계획 의도를 듣고 난 후, 여섯 명씩 모둠을 지은 교사들이 수업 나눔 계획안을 꼼꼼히 파헤치며 수정, 추가, 업그레이드할 부분들을 마구 찾아냈다.

"1차 실험에서 수돗물 속에 들어 있는 이온을 먼저 찾아내고, 2차 응용 실험에서 다른 앙금 반응을 찾아내는 단계를 둔 것은 좋은 아이디어 같아요."

"한 시간에 두 가지 실험을 모두 하려면 바쁘지 않을까요?"

"2차 실험에 등장한 중금속 오염수는 진짜 준비해 오시나요?"

마구 오고 가는 질의응답 속에서 숨겨 두었던 2차 실험 내용에 대한 내 걱정이 드러났지만, 해결의 실마리도 얻을 수 있었다. 그

것도 문과 출신 국어 선생님 질문을 통해서 말이다! 그리고 이어지는 역사과 선배 교사가 한 말은 순간 내 마음을 먹먹하게 만들어 버렸고, 눈치 없이 살짝 눈물도 고이게 했다.

"이렇게 과학과 수업을 함께 고민해 보는 경험은 교사 생활 30년 만에 처음입니다. 같이 수업을 만들어 가는 느낌이 정말 좋네요. 그리고 우리 지역 하천수를 직접 떠 와서 2차 실험을 해 보자는 아이디어를 듣다 보니 문득 이런 생각이 들었어요. '아이들이 자기 삶의 터전에 생긴 문제에 관심을 가지고 해결해 보는 수업을 내 수업과 연계하면 어떨까?' 언젠가는 꼭 해 보고 싶습니다."

우린 수업하는 교사이다. 수업으로 대화할 때 가장 우리다울 수 있다. 가슴이 충만해지고 연대 의식과 짙은 동료애가 느껴지는 경험이었다.

사전 수업 디자인 협의회 내용을 바탕으로 나의 수업을 제법 수정하였고, 후회투성이긴 해도 무사히 전체 제안 수업을 마쳤다. 참관했던 모든 교사들이 작성한 참관록을 읽으며 수업 나눔이 가진 의미도 되새겨 보았다.

수업 나눔은 참여한 교사들을 동반 성장시키며 서로를 이해하게 한다. 이해하면 사랑할 수 있고, 사랑하는 관계 속에서 따뜻한 공동체가 형성된다. 아이들은 이제 교사들이 협력해 이루어 낸 성과를 그대로 배우게 될 것이다. 수업 나눔이 학교의 일상이 되는 그 날을 기대한다.

교사 공동체, 둘러앉아 나누는 것부터!

정기옥

부장 교사로의 첫걸음

교사가 된 지 20년, 단 한 번도 부장을 한 적이 없었다. 그런 내가 2020년, 부산다행복학교인 만덕고 2학년 부장이 되었다. 나를 잘 모르는 사람과 촘촘히 아는 사람 사이에 의견이 엇갈렸다.

"정기옥 샘이 학년부장을 한다니 의아하네요."

"학년부장이 되면 사람들 잘 챙기고 학년을 잘 이끌어 갈 거예요."

그럴 만도 했다. 누구나 그렇겠지만 나는 즐겨 하고 싶은 일은 열심히 했지만, 당위로 해야 하는 일이나 낯선 일에는 선뜻 나서지 않았다. 내적 갈등도 많았지만, 학교에서 해 보고 싶은 일을 펼쳐 보고 싶다는 열정과 기대가 더 컸다. 물론 한 번도 경험해 보지 못한 일에 대한 두려움과 걱정도 컸다. 그렇지만 '새로운 일을 해 보는 게 얼마나 힘이 나는 일인데요, 학년부장 재미있어요.'라고 말씀하신 원로 선생님의 해맑은 미소를 떠올리며 용기를 냈다.

결정한 뒤에도, 괜히 하겠다고 했나 하며 후회하기도 했다. '초빙 교사로 왔으니 책무를 다해야지!' 했다가, '부장 역할을 과연 잘할 수 있을까?' 했다가, 하루에도 몇 번씩 생각이 꼬리에 꼬리를 물었다. '그래, 너무 잘하려고 애쓰지 말고, 그냥 하자.' 그렇게 생애 첫 부장으로서 걸음마를 시작하였다.

독주가 아니라 협주를 하려면 어디서부터 시작해야 할까? 내가 담임 교사였을 때 부장의 어떤 모습이 불편했는지 떠올렸다. 윗사람이 시키는 대로 결정했을 때나 담임들의 의견을 등한시했을 때였다. 그래서 나는 다양한 목소리를 모아서 의견을 결정하고 민주적 의사소통을 이루는 데 최선을 다하자고 결심하였다.

신뢰 서클로 마음 나누기

코로나19로 개학이 미루어진 3월 어느 날, 학년 회의에서 담임 선생님들께 회복적 생활교육 교사 동아리를 제안했다.

"문제아에 집중하는 것이 아니라, 문제를 일으키지 않는 80퍼센트의 학생들에게 에너지를 쏟아, 학급 공동체를 회복하는 데 함께 노력해 봐요. 회복적 관점의 접근은 마음에 상처받은 아이들이 많은 요즘, 학생들의 치유에 도움이 될 거예요. 상처받은 교사들의 마음도 분명 치유될 거고요. 우리부터 언어를 바꾸고 행동을 달리하면 학생과 교사가 서로 존중하고 공감하는 문화가 만들어지지 않을까요? 다 같이 한번 해 봐요."

전입해 온 선생님들은 처음 들어 보는 이야기에 어리둥절한 표정과 눈빛이었다. 그때까지도 부산다행복학교와 만덕고에 대해 낯설어 하는 교사들이 많았다. 원래부터 계셨던 분들이 "좋아요. 같이 해 봐요."라며 동의했다. 함께 공부하며 알아 가 보자며, 회복적 생활교육 동아리를 꾸렸다.

먼저 회복적 생활교육 학급 운영책과 사례집을 읽었다. 소감을 나누던 중 내가 제안을 했다.

"학년 담임끼리 신뢰 서클을 먼저 해 보면 좋을 것 같아요. 그러고 나면 학생들과의 신뢰 서클을 어떻게 진행해야 할지 감이 올 거예요. 2학년 학생들은 작년에 여러 번 해 봐서 알아서 잘할 거고요."

최 선생님이 작년에 전문적 학습 공동체에서 했던 서클 사례를 소개하였다.

"박 선생님은 반 애들과의 관계가 나빠서 힘들어하고 있었어요. 그날 반에 일이 있어 서클에 늦게 합류했지요. 반 애들이랑 문제가 좀 있어 늦었다는 이야기를 꺼내자마자 말을 잇지 못하고 한참을 펑펑 울었어요. 그러자 옆 반 선생님도 따라 울었지요. 또 다른 1학년 담임 선생님도 공감하며 울기 시작했어요. 박 선생님이 한마디 말만 했을 뿐인데, 교사들에게 그 마음이 온전히 전달된 것이지요."

나도 그 신뢰 서클에 동참했었다. 신뢰 서클에서는 동그랗게 앉아 공감하며 마음을 나누었다. 지치고 힘든 교사들을 힐링해 주었으며, 교사들은 점점 마음을 터놓고 서로에게 기대었다. 이어서 손 선생님도 신뢰 서클에 대한 경험을 말했다. 위로하고 격려하면서 동료에 대한 신뢰가 생겼다는 평가가 많았다며, 우리에게도 좋은 경험이 될 것이라고 했다.

오프라인 개학이 또 미루어진 화창한 봄날이었다. 점심을 먹은 뒤라 식곤증이 몰려올까 걱정이 되었지만, 학년실 블라인드를 내리고 형광등을 끄고 차분한 분위기를 만들었다. 담임들은 둘러앉았고, 가운데에 양키 캔들과 감정 단어를 두었다. 처음에는 지금의 마음을 감정 단어로 표현하며 긴장을 풀었다. 다음으로 자기 자신을 단어로 표현하였다.

"저는 '노빠구'예요. 한번 결정하면 뒤돌아보지 않아요. 우리 집 애들은 저에게 직진만 하는 엄마라고 해요."

"저는 '허당'이에요. 뭐든 잘 떨어뜨리고 실수를 자주 해요. 많이 도와주세요."

"저는 '우울감'과 '무기력'으로 표현하고 싶어요. 갱년기라 봄이 되면 기운이 가라앉아요. 하반기가 되면 다시 기운이 올라가고요."

선생님들은 자신의 단점까지도 스스럼없이 말했다. 다음은 주제를 정해 질문에 대한 답을 하였다.

'시간을 되돌릴 수 있다면 어느 때로 돌아가고 싶은지, 그리고 그 이유는?'

"저는 9년 전 부모님 두 분이 모두 편찮으셨어요. 그때 내 일상이 너무 바빠서 아버지를 더 잘 보내드리지 못해서 마음이 아파요."

서클 활동 후, 선생님들의 마무리 소감은 이러했다.

"선생님들이 자기 이야기를 이렇게 솔직하게 한 것이 너무 놀라워요. 저는 감정을 드러내고 표현하는 것이 서툰 사람이거든요."

"선생님들에 대해 많이 알게 되었고, 우리가 더 가까운 사이가 된 것 같아요."

"마음이 힘들었는데 서클로 위로받아서 너무 고마워요."

역설적이게도 이 경험은 코로나19가 준 선물이기도 했다. 신학기는 본래 정신없이 돌아가는데, 개학이 미루어지면서 교사들이 신뢰 서클을 먼저 경험할 수 있는 시간적 여유가 생긴 것이었다. 덕분에 회복적 생활교육에 대해 조금은 알게 되었으며, 앞으로 학생들과 하게 될 서클에 대한 막연한 부담감도 떨칠 수 있었다.

서클 시간에 부산다행복학교에 전입해 온 교사들이 잘 적응할 수 있을까 하는 걱정을 내비쳤다. 선생님들은 그 염려에 공감했으며, 만덕고에 근무하는 것은 다양한 도전과 시도를 할 수 있는 좋은 기회가 될 거라고 독려했다. 서클의 경험으로 교사들끼리 친밀도가 높아졌고 자신의 마음도 편하게 표현했다. 회복적 생활교육에 대해서는 더 호의적으로 받아들이게 되었다. 나로선 담임 선생님들의 성향을 빨리 파악할 수 있어 학년 일을 배분하는 데도 수월했다.

봄이 끝나 갈 즈음, 드디어 학생들이 학교로 왔다. 격하게 환영하는 마음과 감염병에 대한 막연한 두려움이 공존했다. 코로나19 환경에 조금씩 적응하며 모둠 수업을 시도하는 교과가 생겨났고, 이제 학생들과 신뢰 서클을 해 보자며 용기를 냈다.

코로나19 상황으로 학생들의 분위기가 가라앉아 있었던 때였다. 학생들의 깔깔거리는 목소리를 듣고 싶은 마음과 학생들끼리의 소원한 관계를 회복하고자 하는 마음으로 서클 주제 질문을 구성하였다.

'무엇을 하면 우리 반 친구들끼리 더 친해질 수 있을까요? 좋은 친구로 지내기 위해 내가 할 수 있는 일은 무엇인가요?'

7월 학급 회의 시간, 각 교실마다 담임 선생님들의 개성에 따라 혹은 반 아이들의 특성에 따라 다채로운 색깔로 서클이 진행되었다.

회복적 생활교육이 자리 잡다

회복적 생활교육을 하기에 아직 부산은 학교를 지원할 인력풀이 없었고, 코로나19로 수도권 지역 강사를 섭외하는 것도 불가능했다. 그래서 2학기가 시작되자, '회복적 정의와 비폭력 대화를 기반으로 한 회복적 생활교육'을 주제로 한 온라인 연수를 듣기로 했다. 함께 공부하며 궁금한 건 직접 찾아보고, 실천할 수 있는 것들은 시도해 보기로 했다.

일부 발 빠른 선생님들은 말이 나오자마자 연수를 신청했다. 어떤 선생님은 "바쁜데 이 연수까지 들어야 해요?"라며 불편한 기색을 내비쳤지만, 결국 그 선생님도 연수를 신청했다. 아마 부장의 제안을 거절하는 것이 어려웠을 것이고, 매일 얼굴을 마주하며 한 공간에서 지내 왔던 시간의 힘 때문이기도 한 듯했다.

연수 이수 마감 날짜가 다가오자 교무실은 분주해졌다. 먼저 시험을 친 선생님은 다른 선생님들께 힌트를 제공하기도 하며 웃음과 인사가 오갔다. 이수라는 목표를 향한 운명 공동체로서의 공감대가 형성되었다.

우리나라의 교무실 풍광은 간혹 경찰이 사건을 조사하는 모습과 비슷할 때가 있다. '너 뭐 잘못했는지 알지? 거짓말 쓰지 말고 여기에 있는 그대로 똑바로 적어.' 난 이 광경이 신규 교사 때부터 불편했다. 교사는 학생을 취조하듯이 하면 안 된다고 생각했기 때문이었다. 경력이 좀 쌓인 뒤에도 학생들이 규칙을 어겼을 때 벌점을 주거나 강하게 처벌하지 않았다. '너는 이 일에 대해 어떻게 생각하니?', '이 문제를 해결하기 위한 방법은 무얼까?' 등 대화를 나누며 학생 스스로가 잘못을 깨닫고 변화하도록 기회를 주었다. 그럴 때면 부장 교사나 연륜이 높은 교사들로부터 비난을 받았다.

물론 그때 나의 방식에 뜻을 같이하는 선생님도 있었다.

만덕고에서는 학생들의 생활교육 방식을 바꾸기 위해 반성문 이름과 질문부터 바꾸었다. 물론 부산다행복학교로 지정된 첫해부터는 아니었고, 2017년 회복적 생활교육에 관심을 갖는 교사들이 생기면서부터였다. 이름은 '반성문'이 아닌 '회복적 성찰문'으로 바꾸었고, 질문 또한 '무슨 일이 있었나요?'와 같이 가해자가 피해 상황에 대해 스스로 직면하도록 바꾸었다. 스스로 성찰해서 문제를 해결하도록 하자는 취지였다.

학년부장이 되어서 회복적 생활교육 교사 공동체를 꾸렸다. 혼자가 아니라 학년 담임들이 함께 일관되게 학생 지도 방식을 바꾸니 시너지 효과가 있었다. 더불어 회복적 생활교육을 낯설어 하는 교사들도 학생 지도 방식을 조금씩 바꾸어 나갔다. 때로는 회복적 생활교육 대신 응보의 칼날을 휘두른 날도 있었다. 그럴 땐 주변 선생님들과 속상함을 나누며 자신의 잘못을 반성했다. 그렇게 회복적 생활교육은 점차 학년의 문화로 자리 잡아 가고 있었다.

여럿이 함께 회복적 관점으로

학년에서 회복적 생활교육이 가능했던 이유는 만덕고에 학년 중심의 학교 운영이 자리 잡혀 있었기 때문이다. 그래서 매주 학년 경영 협의회 시간에는 아이들의 생활교육에 집중할 수 있었다. 문제를 일으키는 학생에 대해 학년의 공동 지도가 필요할 때는 학년 생활 위원회를 열어 해결하였다.

어느 날 온라인 수업 중, '미희 저 년 못 들었제?'라는 내용이 수업 채팅창에 올라왔다. '미희 저 년'은 수업하고 있는 김 선생님을 가리키는 말인데, 수찬이라는 아이가 아마 친구들끼리 대화하는 방인 줄 착각하고 썼을 것이다. 김 선생님은 그 문장을 본 이상 모른 척할 수는 없어서 수찬이를 학교로 불렀다.

"네가 한 일을 솔직하게 말해야 해."

"그 문장을 쓰려고 한 게 아니에요. 문장이 자동 완성되어 버렸어요."

김 선생님은 수찬이의 말이 사실인지 시연해 보라 했다. 당연히 자동 완성 기능으로 그런 말이 만들어지지 않았다. 김 선생님은 학생이 사실대로 말하지 않은 데에 더 화가 났고, 반성하지 않으면 선도 위원회가 열릴 수 있다고 지도하였다.

그 일이 발생한 날, 나는 학교에 없었는데, 그 일을 겪은 김 선생님에게서 전화가 왔다.

"부장 선생님! 저는 이 일을 빨리 매듭짓고 싶어요."

나는 그렇게 생각하지 않았다.

"이 일은 서둘러 잘못을 짚고 수찬이에게 사과받는 것에 방점을 두어선 안 될 것 같아요. 이 문제를 회복적 생활교육 관점으로 접근해 보았으면 좋겠어요. 내일 학년 경영 협의회 시간에 의논해 봐요."

다음 날 담임 선생님들께 수찬이 문제를 회복적 관점에서 어떻게 해결하면 좋을지 의논해 보고 싶다고 이야기했다. 담임 선생님들도 동의했다. 부산다행복학교인 우리 학교에서는 반 아이가 잘못을 하면 담임 교사의 지도 역량이 부족하다고 탓하지 않는다. 그래서 아이 문제를 교사 혼자 알아서 해결하고 감당하지도 않았다. 학생의 문제를 함께 해결한다는 문화가 있었다. 이런 문화는 회복적 생활교육 동아리를 하고 있었기 때문에 실현 가능했다.

나는 학년 경영 협의회에서 회복적 성찰문을 쓰는 일부터 시작하자고 했다. '이 일로 가장 큰 피해를 입은 사람은 누구라고 생각하는지, 이 일을 회복하려면 무엇을 해야 하는지'를 수찬이 스스로 생각해 보게 하자고 했다. 학년 선생님들은 학생이 욕을 하긴 했지만 나쁜 의도가 있었던 것은 아니고 실수인 것 같다고 했다. 학년부장으로서 수찬이를 만나서 지도하기로 하고, 이 상황을 목격한 학생들은 어떻게 느끼는지도 알아보기로 했다. 더불어 2학년 학생들에게 온라인 수업에서 지켜야 할 사항에 대해 다시 한번 교육하기로 했다.

그리고 학년 생활 위원회를 열었다. 담임들은 수찬이 입으로 이 사건의 해결을 위해 무엇을 해야 하는지 말하게 했다. 수찬이에게 이번 사건으로 느낀 점과 깨달은 바도 물었다. 우리는 수찬이에게 학교에 와서 수업을 듣도록 했다. 교사들이 돌봄을 하며 수찬이의 행동으로 인한 피해를 회복하기 위해 할 수 있는 일을 스스로 찾도록 지도했다. 이후 수찬이는 김 선생님 수업 시간뿐 아니라 다른 선생님 수업 시간에도 반듯한 태도를 보였다. 그리고 수업의 분위기 메이커로 활약했다.

요즘 학생들은 나쁘다는 인식 없이 SNS에서 아무 말이나 내뱉는 경향이 있다. 채팅창에 올라온 그 말도 이런 현상의 연장선상에 있는 것이다. 안타깝고 속상하지만 버릇이 없어서라고 단정 짓고 싶지는 않다. 수찬이는 그냥 악의 없이 까불까불한 남학생일 뿐이다.

교사들은 학생이 반항하거나 수찬이처럼 행동할 때 '내가 만만해 보였나?' 하며 상처를 입을 때가 있다. 다른 학생들 앞에서 권위가 깎였다고 생각하기 때문이다. 나도 그렇게 생각했던 때가 있다. 그런 생각 속에 갇히면 빨리 센 벌을 주고 종결하기 바빴다. 그렇게 하면 일 처리는 끝났지만 학생과의 관계가 회복된 것은 아니었다. 학생 또한 자신의 행동에 대해 벌은 받았으나 성찰은 하지 않았다. 수찬이의 경우도 회복적 생활교육 관점으로 대처하지 않았다면 선도 위원회에 넘겨 응보적 징벌을 주는 것으로 해결했을 것이다. 선생님들은 수찬이 사례를 통해 학년의 모든 학생들을 더불어 지도한다는 믿음이 생겼다. 서로에게 더 의지하게 되었고 신뢰감도 커졌다.

2학기가 시작된 9월, 담임 공동체에서는 아현이라는 아이를 협업하여 지도했다. 아현이는 수업에 전혀 참여하지 않았고, 교사의 지도에도 멋대로 구는 녀석이었다. 학교의 교육 방식에도 항상 부정적이었다. 온라인 수업에 들어오지 않는 사례가 빈번하게 발생하자 국어 선생님이 지도했다. 아현이는 오히려 자신에게 아무것도 요구하지 말라며 당당하게 말해 교사에게 상처를 주었다. 이런 일들로 2학년 담임들은 아현이를 함께 지도해 보기로 했다.

학년 경영 협의회를 통해 아현이에게 수업 시간에는 최소한의 것은 해야 한다는 것을 인지시켜 주자고 합의했다. 부모님도 만나야 한다고 결정하여, 상담 교사, 담임 교사, 교과 교사, 학년부장이 부모님을 만났다. 처음에 부모님은 학교가 자녀를 문제아로 본다고 오해하여 교사들을 불신했다. 나중에서야 아현이가 학교생활에 적응할 수 있도록 함께 의논하는 자리라는 것을 이해했다. 그제야 부모님은 마음을 열었다. 이후 아현이는 교사에게 날 선 반응을 보이지 않았다. 온라인 수업에 늦으면 "빨리 들어갈게요."라고 하며 미안함을 표현했다. 물론 공부는 정말 최소한으로만 했다. 이만큼의 변화에도 교사들은 아현이에게 칭찬을 아낌없이 쏟아 주었다. 아현이의 변화 가능성을 발견한 것이 기뻤으므로.

교사들이 학생의 변화와 성장을 지원하기 위해 관점을 공유하고 동일한 메시지를 표현한 것이 학부모의 마음을 열게 했다. 우리는 함께 학부모를 만나 문제를 해결했다는 것이 뿌듯했다.

담임과 비담임 경계를 넘어

학년 범교과 협의회에서는 주제 통합 수업과 돌봄을 논의한다. 학생들을 어느 정도 파악한 4월 하순쯤, 교과 선생님들이 협의해서 학습에 무기력한 학생이나 부적응한 학생들을 다행복성장교실 대상자로 선정한다. 하지만 2020년은 코로나19로 2학기가 되어서야 다행복성장교실을 시작했다. 학생과 교사 일대일로 멘티-멘토를 맺고, 문해력을 키우기 위한 수업도 열어 학생들의 성장을 위한 프로그램을 운영했다. 이때 학생들이 교과마다 다른 모습이라는 것을 확인했다.

"수학 시간에 개념이는 모든 걸 내팽개치고 엎드려 자는 수포자예요."

"정말요? 국어 시간에 개념이는 문학적 상상력을 발휘해서 멋진 글을 쓰는 매력적인 학생인데……."

"동식이는 모든 수업 시간에 태도가 불량해요. 체육 관련 대학에 가겠다며 몸 만드는 데만 신경 쓰고, 모든 교과 시간에 아무것도 안 해요."

학년 범교과 협의회는 자칫 소외될 수 있는 비담임 교사와 함께 학생 지도에 대해 논의했다. 비담임은 아무래도 학년실에 함께 있는 담임들보다는 학생에 대한 정보가 부족했다. 학년 담임들로부터 어떻게 지도해야 할지 난감했던 학생들의 정보를 얻고 지도 방법에 대한 아이디어를 얻었다. 그 학생들에 대한 이해의 폭도 넓혔다. 교사들은 학생 지도의 어려움을 나 혼자 겪는 것이 아니라는 동병상련의 위안을 얻기도 했다.

10월쯤 범교과 협의회에서는 멘토 교사가 멘티 학생들과 어떤 활동을 하고 있는지 공유하였다. 매일 만나서 생활 점검을 하고 학습 상황을 점검하는 선생님, 밥 한 끼 먹으며 이야기를 나눈 선생님, 자존감 부족한 학생이 자신을 사랑할 수 있도록 상담하고 있는 선생님, 오가며 관심을 표현하는 선생님 등등.

학생들의 변화에 대해서도 이야기 나누었다. 개념이는 멘토가 된 수학 선생님의 수업 시간에 점차 수업 태도가 좋아졌다. 다른 수업 시간에도 교사들에게 호의적으로 변해 갔다. 다행복성장교실 대상자들의 대다수는 개념이처럼 긍정적 변화가 있었다. 하지만 동식이의 경우 불량한 태도가 변하지 않았다. 자기만의 개성이 너무 강했다. 멘토 교사의 조언도 받아들이지 않았다. 교사들은 좌절했고 무력감을 느끼기도 했다.

돌봄 학생들은 선생님들의 애정을 멋쩍어하고 의아해하면서도 싫어하지는 않았다. 다수는 이전에 교사의 긍정적인 관심을 받아 본 경험이 없었다.

다행복성장교실을 처음 접하는 선생님들은 낙인론 아니냐며 의구심을 갖기도 했다. 하지만 이 학생들을 공동체 안으로 품어서 건강한 공동체를 만들어 가는 게 목표라는 것을 알아 갔다. 담임, 교과 선생님이 외따로이 고군분투하는 것이 아니라 같이 돌보며 학생의 성장을 지원한다는 것을 체험했다.

교사 공동체! 교육 공동체!

2학년 담임들은 1년 동안 무엇이든 공유했다. 특히 학급 운영의
아이디어를 끊임없이 채팅방에서 나누었다. 조례, 학급 회의, 자
리 뽑기, 학급 선거, 도우미 선정 등등. 젊은 후배 교사들의 반짝반
짝한 아이디어와 선배 교사들의 연륜에서 묻어나는 경험이 어우
러졌다.

학년 모임 때면 미술 선생님이 통통 튀는 감각으로 드레스 코드
를 정해 주었다. 3월에는 무지개색, 봄에는 파스텔 톤, 여름에는
일명 포카리스웨트 의상. 학년 모임 날이 되면 선생님들이 어떤
옷을 입고 올까 기대했다. 학년실 문이 열릴 때마다 마치 시상식
에 입장하듯 포토 라인에 서서 촬영에 응하는 듯한 장면이 펼쳐졌
다. '멋져요.', '어울려요.', '둘이 커플이네요.' 아침부터 깔깔거리
는 웃음으로 넘쳐 났다.

학년실 가장 선배 선생님께서 '선생님들이 생각하는 행복'에
대한 인터뷰 영상을 찍어 수업에 쓰고 싶다고 했다. 카메라 울렁
증이 있다며, 할 말이 없다며 난색을 표하던 교사들까지도 결국
인터뷰에 응했다. 목소리의 떨림, 슬쩍슬쩍 메모를 보는 모습까지
그대로 전해졌다. 수업에 도움이 된다고 하니 부끄러움을 무릅쓰
고 기꺼이 동료의 손을 잡아 주었다.

일반 학교에서는 담임 회의에서 이런 제안을 할 수 있는 분위기가 아니었다. 부산다행복학교에서도 인터뷰 제안에 모든 담임 선생님들이 응한 것은 이번이 처음이었다. '어떻게 가능했지?' 생각해 보면 우리끼리의 동료성, 그리고 학생들을 위하는 마음들이 모여서 가능했던 것 같다.

올해 학년실은 '해 보자'는 제안에 부정적인 반응보다는 긍정적인 반응이 압도적이었다. 그래서 다양한 아이디어가 쏟아졌다. 초청 강연, 영화 보고 토론하기, 반별 축제 및 영화제, 드림캐처 만들기, 타임캡슐 등등. 그것들이 코로나 블루에도 신나고 힘이 나게 해 주었다.

'우리 이 멤버대로 3학년까지 가면 좋겠다.'라며 의기투합하곤 했다. 힘들 때 서로 의지하고 잘 모르는 건 서로 도와 가며 해결했던 경험이 좋았다. 학생들이 등교하기 전, 거의 두 달 동안 한솥밥을 지어 먹었다. 그때 수다를 풀던 점심시간이 우리의 심리적 거리를 좁히는 데 큰 몫을 했다.

아쉬움이라면 회복적 생활교육 교사 동아리를 꾸렸으나 교사들의 자발적 의지에 불을 지피는 게 쉽지 않았다는 점이다. 회복적 생활교육에 대해 각자가 느끼는 필요성의 차이, 자신의 문제로 받아들이는 온도의 차이가 동아리 운영의 장애물이었다. 회복적 생활교육을 머리로 받아들이는 건 그나마 쉬웠다. 일상 장면에서 변화가 일어나기까지는 더 많은 시간과 노력이 필요했다.

회복적 생활교육에 '한 사람의 열 걸음'이 아닌 '아홉 사람이 한 걸음'을 내디딘 것이 좋았다. 이전에 내가 경험했던 학년은 교사들끼리 다툼과 분란이 많이 발생했었다. 하지만 처음으로 부장을 맡아 소통과 협력하는 문화를 만들어 간 경험은 정말 고맙고 소중했다. 학년에서 전문적 학습 공동체로 회복적 생활교육을 했기 때문에 더 긴밀하게 학생 지도를 했던 것 같다. 교사들 간에도 학급 이기주의를 넘어 평화 공동체가 만들어졌다. '더불어 함께' 하기 위해 배려와 경청이 얼마나 중요한지 많이 배웠다. 회복적 관점을 견지하기 위해서는 부장이 먼저 공부하고 실천하며 중심을 잡아야 한다는 것도 알게 되었다.

연배가 다르고 교육 경력이 다르고, 부산다행복학교의 경험 또한 제각각이지만 각자의 빛깔로 협업을 이루었다. 각 개인이 잘할 수 있는 일들을 각자 맡아 역할을 분담하며 서로 어우러져서 행복한 1년을 보냈다.

서툰 새내기 부장이었지만 동료 선생님들은 '우리 부장 최고야!', '아이디어 너무 좋아요.'라며 늘 격려해 주고 지지해 주었다. 이런 격려와 지지는 나에게 즐겁게 일할 수 있는 동력이 되었다. 싸늘했던 2020년이 내게는 따뜻한 해, 잊을 수 없는 해로 가슴 깊이 자리 잡았다.

교사 성장 배움터, 전문적 학습 공동체

홍혜숙

샘은 왜 교사가 되었어요?

수업을 마치고 교탁 위에 널려 있는 교재와 노트북을 주섬주섬 챙기고 있으면 어느새 몇몇 아이들이 나를 둘러싸고 재잘거린다.

"샘은 윤봉길 의사가 한 일이 의거라 생각하세요? 테러라 생각하세요?"

"샘은 나라를 뺏긴 책임이 누구에게 있다고 생각하세요?"

토론 수업이 끝나면 곧잘 볼 수 있는 광경이다. 토론 과정에서는 아이들에게 내 의견을 이야기하지 않는다. 그러다 보니 수업이 끝나면 이런 광경이 흔하게 벌어진다. 나는 여운 있는 이 시간을 참 좋아한다.

아이들은 교사들에게 이래저래 궁금한 점이 많다.

"샘은 왜 교사가 되었어요?"

"음. 내 꿈은 교사가 아니었어. 지금은 난 '사' 자 달린 직업 중 '교사'가 제일 행복한 사람이라고 생각해."

"왜요?"

"판검사, 의사는 골치 아픈 문제를 다루잖아. 교사는 너희들처럼 생생한 아이들과 이야기하잖아. 그러니 좋지."

아이들이 하얀 이빨을 드러내며 웃는다. 나를 둘러싼 아이들 틈새로 멍하니 앉아 있는 진우가 보였다. 며칠 전에 진우가 쓴 글을 우연히 본 터였다.

'…… 언제부터인가 다른 사람 감정에 공감하기 어려워졌다. 갑갑하고 불쾌한 감정이 내 심장 쪽에 자리 잡은 것 같다. 답답하다. 지금 나는 무언가 하고자 하는 의지는 넘치지만 찬물을 부은 듯 금방 식어 버린다.'

진우를 볼 때마다 이 글이 떠올랐다. 나는 아이들에게 어떤 교사였던가? 내가 무엇을 놓치고 있는 걸까? 담임이 아니라 진우의 사정을 정확히 이해할 수 없어 난감했고, 많은 '진우들'에게 어떤 도움을 줘야 할지 답답했다.

가르치는 학생에 대해 협의하다

교사로 임용될 즈음 전국역사교사모임에 가입했다. 그 모임에는 '학생들의 살아 있는 삶'을 위한 역사 교육을 지향하고 실천하고자 노력하는 교사들이 많았으므로 늘 배울 점이 가득했다. 누구는 교사가 되면서 진짜 배움이 시작된다고 하지만, 나는 그 모임에서 열정적인 선생님들을 만나고서야 진짜 교사가 되어 간다고 느꼈다. 그것은 '학교 밖 전문적 학습 공동체'였다. 좋은 교사와의 만남은 나를 성장시키는 진액이다. 나는 지금도 예비 교사들을 만나면 교사라면 응당 자신이 소속된 교과 모임에 가입해서 함께 배워야 한다고 강조한다.

그렇게 학교 밖 동료 교사와 만나며 배우는 기쁨에 물들어 가는 동안에도, 학교 안에서 동료 교사와 배우고 나누는 것은 여전히 힘들고 어려웠다.

가르치고 배우는 일이 오롯이 교사 개인에게 달려 있던 학교 문화가 변화의 조짐을 보이기 시작한 것은 우리 학교가 부산다행복학교로 지정된 2015년부터였다. 학교의 질은 교사의 질이 아니라 '교사 협력'의 질을 넘지 못한다. 본디 학교 변화는 교사 개인의 역량으로 도모할 수 있는 일이 아니었다. 혼자서는 불가능했던 교육 활동을 부산다행복학교에서는 동료 교사들과 힘을 합해 추진해 나갈 수 있었다. 게다가 학교 관리자가 교사를 도와주는 역할을 한다는 것은 정말 새로운 경험이었다.

당시 내가 근무한 부산다행복학교에서는 수요일 6, 7교시가 '전문적 학습 공동체의 날'로 운영되었다. 어떤 날은 다모임을 하고, 어떤 날은 수업 혁신 연수를 들었으며, 학년 교과 협의회나 교사 동아리 활동을 하기도 했다.

학교의 민주성과 자주성을 강조하는 문화는 교사들에게 매우 낯설었다. 협력하고 칭찬하는 문화에 서툴렀던 우리는 배우면서 서로 상처 주기도 했다. 내 마음을 가장 힘들게 한 것은 부산다행복학교에 반대하며 관망하는 교사, 여전히 대입 성적을 강조하며 소위 상위권 학생 중심으로 수업이 운영되는 문화였다. 그래서 무언가를 시도하려 해도 괜히 눈치 보며 조심조심하는 때가 많았다.

한번은 '배움에서 도주하는 아이들을 어떻게 돌볼 것인가?'라는 주제로 학년 교과 협의회를 한 적이 있다. 부산다행복학교는 모든 아이들에 대한 돌봄과 배움을 책임지는 교육 공동체가 되기를 희망한다. 그래서 소외되고 무기력한 학생에 대해서도 특별히 관심을 가지고자 노력한다. 그러나 교사들의 시선은 대체로 상위권 학생에 맞춰져 있었기 때문에 의식적인 노력이 더 필요했다.

협의회 다음 날 아침, 김 교사가 굉장히 침울한 얼굴로 앉아 있었다. 이유를 물으니 아주 작은 목소리로 속삭였다.

"샘. 어제 우리가 한 회의를 두고 일부 샘들이, 교사들이 할 일이 없어서 아이들 뒷담화하고 있다고 비난했어요."

그 말에 가슴이 뜨거워지고 손이 덜덜 떨렸다. 협의회에 참여한 교사들은 아주 진지하게 학생들에 대해 논의하고, 문제를 해결하기 위한 방도를 모색하였다. 경험이 많은 노 교사는 별거 아니라는 듯 주위를 환기한 다음, 개별 학생의 처지와 학습 태도에 대해 자신이 알고 있는 이야기를 아주 자세히 말씀해 주셨다.

"철수는 막내인데, 세상에 부정적인 시선을 가지고 있어요. 또 의사소통에 어려움이 있어서 친구들과 관계를 잘 맺지 못하고 있는 것 같아요. 또 영주는 제 수업 시간에 아무리 깨워도 바로 엎드려 자고, 도무지 학습에 의욕이 없어서 걱정이에요. 샘들 수업 시간에는 어때요?"

빙 둘러앉은 많은 교과 선생님들이 자신의 수업 시간에도 영주가 엎드려 있다고 이야기하자, 담임 교사가 "영주는 담임인 제 시간에도 엎드려 자고 있고, 학습 의욕이 전혀 없어요."라고 말했다.

"진호는 수업 시간에 잠을 자지는 않는데 기초 학력이 매우 떨어져서 의욕이 없어요. 공부하려고 해도 아는 것이 없으니 못 따라가는 거죠."

이렇듯 학년 교과 협의회에서는 '모든 수업에 참여하지 않는 무기력한 학생에게 어떤 도움이 필요할까?'라는 이야기부터 '잠은 자지 않으나 수업을 못 따라가서 자존감이 낮은 아이는 어떻게 해야 할까?' 등 다양한 이야기가 오갔다. 이후 담임 교사가 개별 학생들을 상담한 후 희망 멘토 교사를 연결해 준다든지 기초 학력 교육을 받게 하는 등의 지원을 하였다.

좋은 수업은 학생에 대한 이해로부터 시작된다. 개별 학생 발달에 대한 이해, 학생을 둘러싸고 있는 환경에 대한 이해가 수업의 시작이다. 학년 교과 협의회에서 평소 이해하기 어려웠던 많은 '진우들'의 처지와 배움에 대해 이야기를 나누었다. 덕분에 학생들을 좀 더 이해할 수 있게 되었고, 무엇보다 선생님들의 열정적인 눈빛 덕분에 마음이 따뜻해졌다. 느리고, 아직 갈 길이 멀지만 학교는 분명 바뀌고 있었다.

교실 문을 열면 배움도 열린다

걱정과 우려도 있었다. 교사들이 전문적 학습 공동체를 하는 이유는 궁극적으로 수업 혁신 때문인데, 우리 학교에서 초창기에 했던 전문적 학습 공동체는 교과 수업과 좀 동떨어져 운영되는 면도 있었다. '이렇게 가는 것이 맞을까? 수업과 무관하게 책만 읽고 끝나는 모임이 원래 전문적 학습 공동체의 취지에 맞는 것일까? 교과 협의회를 실질적으로 강화하면서 전문적 학습 공동체와 결부하여 운영해 나가면 어떨까?' 이런저런 생각이 들었다. 다모임에서 내 생각을 선생님들에게 이야기했다. 여러 교과에서 변화를 시도해 보자는 데 동의하여 교과별 전문적 학습 공동체가 꾸려졌다.

이와 함께 교과별 학년 수업 공개 협의회도 매월 실시되었다. 10월에는 '전문적 학습 공동체(수업 나눔 동아리)'를 함께하는 이 선생님의 문학 수업 공개가 있었다. 이 선생님은 학년 수업 공개

전에 동아리 구성원에게 다음과 같이 쪽지를 보내셨다.

"샘. 학년 수업 공개하기 전에 한번 오셔서 저의 수업 디자인을 봐 주시겠어요?"

교실에 들어가자 아이들이 "어. 한국사 샘, 우리 수업 보러 왔어요?" 하고 웃는다. "쉬. 지금부터 너희들은 내가 투명 인간이라 생각하렴." 하고 말하고 조용히 자리 잡았다. 참관 교사가 두 명뿐이었지만 아이들은 평소보다 더 열심히 공부하는 것 같았다. 나는 가능한 학생의 입장에서 수업을 보려고 노력했다. 그리고 점심시간 짬을 내서 함께 사전 수업 소감을 나누었다.

"요 대목에서 샘이 하시는 질문이 좀 어려웠어요. 좀 더 구체적으로 전달하면 아이들이 모둠 활동하기 좋을 것 같아요. 또, 한 시간 안에 이 활동들을 다 할 수 없으니 디자인을 이렇게 바꿔 보면 어떨까요?"

이렇게 사전 협의회를 거친 후 이 선생님은 수업 디자인을 조금 수정하였다. 이후 진행된 공개 수업은 훨씬 멋졌고 참관 교사들에게 귀한 배움을 불러일으켰다. 관찰 학생에 대한 교사들의 눈빛은 따뜻하고 다정하였으며, 협의회에서 그들이 내는 목소리는 겸손했다.

"학생들의 이야기가 주제에서 빗나갔을 때, 교사가 실제 사례를 들어 상황에 대해 설명해 준 점이 좋았어요."

"공부 잘하는 영우가 아니라 해령이가 모둠 활동을 주도하는 것이 인상적이었어요. 해령이가 선생님 이야기를 잘 듣고 모둠을 주도하여 실행하려는 모습을 보였는데, 그걸 보면서 저는 공부 잘 하는 아이가 모둠을 이끄는 것은 아니라는 것을 배웠어요."

"민성이가 잘 몰라 쭈뼛거리고 있는데 옆에 앉은 재철이가 도와주니 '아하' 하고 고개를 끄덕였어요. 그때 배움이 일어나고 있구나 느꼈어요."

"지원이는 수업에 집중하지 못하고 모둠 활동에도 참여하지 않았어요. 학습과 친구 관계 모두에서 소외되고 있는 것 같아 안타깝네요."

조용히 듣고 있는 교사들이 연신 고개를 끄덕였다. 이렇게 교사들은 동료 교사와 함께 학생들이 다른 수업 시간에 어떻게 하는지 관찰한 것을 나누었다. 교사들이 자기 교과가 아닌 다른 교과의 수업을 보는 것은 쉬운 일이 아니다. 수업 공개를 통해 교사들은 다른 교과에서 무엇을 어떻게 가르치는지 배우게 되고, 학생의 배움을 관찰하면서 자신의 수업을 디자인하기도 한다. 열린 교실 문 사이로 배움이 들어온다.

관심받으며 성장하는 아이들

우리 학교에서는 교사들만 수업 공개 후 협의회를 하는 것이 아니라 참여한 학생들도 간단하게 소감을 나눈다.

선생님들이 오셔서 뭔가 쑥스럽고 부담스러웠는데, 한번 해 보니까 재미있었고, 더 열심히 하려는 마음이 생겨서 오랜만에 열심히 한 것 같다. 이런 마음으로 수업에 항상 더 집중해야겠다. 모둠 활동을 통해 내가 몰랐던 점을 공유하니까 다른 아이들의 생각이 많이 나왔고, 그래서 활동에 참여하기 편했던 것 같다.

많은 교사들이 수업을 참관해서 긴장하였지만, 교사들의 관심으로 더 열심히 참여했다는 긍정적인 소감이 많았다.

다음 날, 수업 공개를 했던 반에 수업하러 들어갔더니 다짜고짜 성용이가 얼굴을 찌푸리며 말했다.

"선생님. 저를 관찰하신 샘은 누구세요? 알려 주시면 안 돼요?"

"그게 왜 궁금한데?"

"우리 모둠 다른 아이들은 다 관찰 글을 적어 주셨는데, 저만 없었어요. 다른 뜻이 있는 것은 아니고 정말 왜 저만 관찰 글을 안 적어 주셨는지 알고 싶어서 그래요."

수업 협의회를 한 후 참관 교사들은 관찰 학생들에게 격려 글을 적어 주는데, 어쩐 일인지 성용이에 대한 격려 글만 빠진 것이다.

사실 모든 교사에게 격려 글을 강요한 건 아니었다. 이전에도 누락되는 경우가 간혹 있었기에 이게 문제가 될 거라고 생각하지 않았다. '그래, 전에도 피드백을 받지 못했던 아이들은 속상하고 섭섭했겠구나.' 성용이 모둠을 관찰한 선생님에게 그런 이야기를 하니 다음 날 직접 만나 미안하다고 말했단다.

"괜찮다는데, 마음이 짠했어요."

학생들은 관심을 받으며 성장한다고 늘 이야기해 오면서 교사들이 하는 실천에는 구멍이 많았다. 반성하고 반성하며, 새롭게 배운다.

교사는 전문가인가

내 교실, 내 수업이라는 생각을 버려야지 다짐하지만 내 부족함을 드러내야 하는 두려움, 공포감은 여전히 남아 있다. 학년 말 다 모임에서 교사들은 수업 공개 협의회와 전문적 학습 공동체 운영이 이대로 좋은지 돌아보았다. 수업 참관은 좋지만, 다른 교과 내용을 모르니 한계가 있다는 이야기, 공개 횟수를 줄이는 대신 수업을 연구하는 데 시간을 더 할애하면 어떻겠냐는 이야기 등이 나왔다. 우리는 학년 수업 공개를 대폭 줄이는 대신, 모든 교사가 연 1회 이상 일상 수업을 공개하기로 운영 방식을 바꾸었다. 전문적 학습 공동체도 교과 주제에서 희망 주제로 다양하게 편성하기로 했다. 그러나 코로나19가 길어지며 교사들은 온라인과 오프라인을 넘나들며 새로운 환경에 적응하기 바빴다.

방침에 따르느라 허덕이기 바쁘던 어느 날, 김 선생님이 물었다.

"샘은 교사가 전문가라고 생각하세요?"

뜬금없었지만 어떤 이야기가 나올지 궁금했다.

"샘은 어떻게 생각하세요?"

"저는 처음에 그 전문적 학습 공동체라는 말이 참 어려웠어요. '전문적'이라는 게 교사가 전문가라는 말인지, 전문성이 필요하다는 말인지 잘 모르겠더라고요."

학교 혁신에 누구보다 헌신적인 선생님이었기에 부산다행복학교에서 일상적으로 쓰는 용어들을 제대로 정리하지 않은 채 쓰고 있다는 생각이 들었던 것 같다.

나도 처음에는 '전문적', '학습 공동체' 같은 개념들을 어떻게 조합해야 할지 난감했다. 우리 사회는 판검사, 의사 등과는 달리 그동안 교사를 전문가로 대하지 않았기 때문이다. 그러다 가르침에서 배움으로 교육의 패러다임이 바뀌면서 교사의 전문성이 강조되기 시작했다.

교사에게 요구되는 전문성이란 학생의 삶을 위한 수업을 디자인하는 것이라 생각한다. 그래서 학생들에게 필요한 역량을 키워주기 위해, 교사들도 동료 교사와 함께 그런 역량 특히 의사소통 역량과 공동체 역량을 배워 나가는 것이 필요하다. 이것이 내가 생각한 전문적 학습 공동체의 의미와 필요성이었다. 그런데 김 선생님이 지금 나에게 묻는다. 아뿔싸, 우리는 그간 충분하게 이야기하지 못한 채 일을 해 온 것이다.

동료 교사와 협력하면서 배우고 성장한다

김 선생님이 또 말했다.

"교과별로 전문적 학습 공동체를 하면서 수업 공개와 협의회를 하자는 것에 대해 불만이 있는 샘들도 있어요. 자발성을 강조한다면서 이렇게 요구하는 것은 좀 아니지 않나요? 반대하는 샘들은 놔두고 희망하는 사람만 하면 어떨까요?"

맥이 빠졌다. 자발성이란 말 안에 자발적으로 참여하지 않겠다는 뜻도 포함되어 있는 걸까? 참여하지 않고 협력하지 않으면 배움이 일어날까?

부산다행복학교에 근무하면서 비로소 나의 '가르침'보다는 학생의 '배움'에 관심을 가지게 되었다. 그러나 아이들이 잘 배우고 있는지 관찰하는 것은 쉽지 않았다. 마침 뜻을 같이하는 동료 교사가 있어 함께 수업을 디자인하고 수업 후 협의하면서 조금씩 배워 갔다. 비록 부족함이 드러나서 부끄러웠지만 배우면서 성장하고 있다는 생각에 뿌듯했다.

누구나 홀로 수업하면 곧잘 잊거나 등한시하게 되는 것들이 있다. 한번은 영어과 수업을 참관하였는데, 이 선생님이 내 귀에 속삭였다.

"오늘 수업을 보면서 '교사의 연결하기, 되돌리기가 중요하다는 것을 제가 어느 순간 잊고 있었구나.'라고 생각했어요."

"맞아요, 우리가 정말 잘 놓치는 것이지요. 혼자 있으면 그게 잘

안 보이는 것 같아요. 저는 모둠 수업을 할 때 여전히 아이들 이야기를 듣는 것이 많이 부족하다고 느껴요."

어느 날 수학과 수업을 참관하면서 내 수업에는 심드렁하던 승목이가 모둠원을 이끌며 열심히 하는 모습을 보고 놀랐다.

"승목아, 너 정말 짱이었어. 샘이 너의 새로운 모습을 봤구나."

승목이가 방긋 웃었다. 그 아이의 다른 면을 본 후 우리 관계도 좋아졌다.

이처럼 수업 공개와 협의회가 아니었다면 결코 배우지 못하는 것들이 도처에 있었다. 학년 교과 협의회가 아니었다면 이해하지 못했을 학생들도 많았다. 동료 교사와 협력하면서 비로소 내가 맡고 있는 학생이 나 혼자 전담해서 돌보는 학생이 아니라는 생각을 하게 되었다. 교실과 수업은 나의 사적인 영역이 아니다. 우리는 개별 학생들을 여러 교과에서 가르치며 함께 돌보고 있다. 때문에 교사들이 함께 학생의 배움과 성장에 대해 협의하는 것이 필요하다고 생각한다.

나에게 협력은 학생의 성장을 위해서만 필요한 것이 아니었다. 다른 교사의 수업 디자인을 보고 배우면서 나도 성장했다. 코로나19로 인해 온라인 수업을 하게 되었을 때 다양한 가치관을 가진 학교 구성원들은 누가 먼저라 할 것 없이 자발적으로 협력하며 함께 배움을 나누었다. 집단 지성은 협력을 통해서만 창출된다. 우리는 협력하면서 관계적 사고를 배우고 전문성을 키워 간다.

전문적 학습 공동체, 새로운 상상이 필요하다

'교사인 내가 성장하기 위해서 굳이 학교 안 전문적 학습 공동체가 필요한가? 그냥 내가 알아서 공부하고 수업을 디자인하고 실행하면 되는 거 아닌가?'

우리 학교의 적지 않은 교사들이 이렇게 생각한다. 부끄럽지만 우리는 학교 안 전문적 학습 공동체가 왜 필요한가에 대해서 깊게 이야기해 본 적이 없었다. 공감하지 못하니 무엇을 할까에 대해 소극적일 수밖에 없었다. 나는 같은 교과 교사와 함께 협의하면 수업 공개의 부담이 줄어들 것이고 집단 지성이 빛날 것이라 생각했다. 그런데 결과는 그다지 긍정적이지 않았다.

교사들은 수업에 근본적으로 관심이 많아서 누가 시키지 않아도 이런저런 수업 디자인에 대해 궁리하며 공부한다. 그러나 실제로 동료 교사와 협의하기에는 여러 제약이 있었다. 홀로 학년 교과를 전담하거나, 신뢰 관계가 형성되어 있지 않는 경우 협력이 일어나기 어려웠다. 또한 학생 중심 수업 디자인과 개별 피드백이 강조되면서 한층 더 바빠졌고 이로 인해 여유가 많이 없어졌다. 게다가 갈수록 가르쳐야 할 과목이 많아져 수업의 질 저하도 우려됐다.

그래서 구성원의 자발성에 근거한 다양한 전문적 학습 공동체를 설계하고, 각각에서 진행되는 연구 결과를 전 교사가 공유할 수 있는 시스템을 설계할 필요가 있다. 학생의 배움을 함께 돌보기 위해서는 동료 교사와 함께하는 학교 안 전문적 학습 공동체도 필요하고, 교과 학습을 위해서는 교과 연구회 같은 학교 밖 전문적 학습 공동체도 필요하다.

돌아보면 새로운 교육 활동을 시도할 때는 뚜렷한 목적보다는 당위성이 앞섰다. 전문적 학습 공동체도 그런 사례이다. 추진하면서 여러 난관에 부딪혔고, 구성원들이 의문을 제기했다. 우리는 그 질문을 받아들여 토론하고 방식을 바꿔 보면서 여기까지 왔다. 전문적으로 학습해 나가는 공동체가 만들어졌고, 이제 새로운 상상을 보태야 할 시기가 왔다.

4년이라는 긴 육아 휴직을 마치고 복귀한 허 선생님이 한 말이 생생하다.

"오랜만에 복직하니 학교가 이전과 많이 달라졌어요. 샘들이 매우 의욕적이고 자발적으로 뭔가를 하려고 하고……."

나에게 전문적 학습 공동체는 나를 성장시킨 교사 성장 배움터이다. 비록 힘든 과정이었지만 동료들과 함께 배우며 반성하는 시간이 나를 성장시켰다. 교육 심리학자 비고츠키의 말대로, 내 밖에는 나를 만든 무수히 많은 내가 있다. 그 무수한 '나'들과 함께 같은 꿈을 꾸며 희망을 만들어 가고 싶다.

5

우리를 키운 다행복학교

통하였느냐?
그래, 소통(疏通)하였구나

최여례

부산다행복학교와 첫 소통(疏通)

2016년 2월, 새로 옮긴 부산다행복학교에서 신학기 준비 워크숍이 있었다. 전에 근무하던 학교에서는 하루 종일 시간을 내어 다른 선생님들과 어색하고 서먹하게 앉아서 각 부서의 1년간의 계획을 듣고 논의했다. 그때는 하루 종일 워크숍을 진행하는 게 너무 긴 것 아니냐는 선생님들의 빈축을 사기도 했다. 하지만 다행복학교에서의 워크숍은 3일이나 되었다.

첫 과정은 아이스 브레이킹으로, 선생님들의 다양한 측면에 대해 알아보는 시간이었다.

"이거 누구일 것 같아요?"

"헉, 설마 저 아니죠?"

"어? 맞는데? 허허허."

"이거 너무 과장되었는데요? 제 눈이 이런가요?"

선생님들끼리 모둠으로 앉아서, 돌아가면서 A 선생님이 E 선생님의 얼굴 형태를, B 선생님이 E 선생님의 눈을, C 선생님이 E 선생님의 입을, D 선생님이 E 선생님의 코를 종이 위에 그리고, 그림 속 얼굴이 누구인지 다른 모둠 선생님들이 추측해서 맞춰 보았다. 그저 재미있는 친목 시간이라 생각했었는데, 그림을 그리고 추측하면서 학교 구성원들의 얼굴을 다시 한 번 자세하게 쳐다보게 되었다. 그 활동 자체로 첫날의 어색함이 사라졌다.

다음으로는 우리는 모둠 단위에서, 다시 전체 교사 단위에서 우리 다행복학교의 비전을 함께 만들어 나갔다. 교사 입장에서 교육의 3주체인 교사, 학생, 학부모에게 하는 약속을 서로 이야기하면서 함께 정했다. 그런 일련의 활동을 통해 우리는 다행복학교로서의 우리 학교 교육 목표가 무엇인지 분명하게 이해할 수 있었다. 이런 소통의 과정을 통해 우리는 구성원들의 다양한 교육 철학을 이해하게 되었고, 서로 간에 신뢰가 생겼다. 이전 학교에서의 1일 워크숍보다 다행복학교에서의 3일 워크숍이 더 길거나 지루하게 느껴지지 않았다. 또 새로운 공간에서의 설렘도 오랜만에 느낄 수 있었다. 3일의 워크숍은 내가 부산다행복학교와 처음으로 소통(疏通)하게 해 주었다.

남학생과 여학생의 소통(疏通)

1학년만 남녀 혼성으로 학급을 운영해 보기로 한 첫해였다. 내가 이 학교로 전보하기 전 해에 이미 결정된 사안이었다. 이전에 남녀 공학 학교에서 근무해서, 수준별 수업이나 방과 후 수업을 할 때 남녀 혼성 학급으로 수업을 했던 적도 많았다. 하지만 1~7교시까지 종일 남녀 학생이 함께 있는 반의 담임을 맡고, ㄷ자 또는 모둠 수업을 하기 위해 남학생과 여학생을 짝지어 앉혀 수업을 하는 건 10년 넘는 교직 생활에 처음 있는 일이었다.

'내가 남학생과 여학생의 간극을 잘 조절해서 수업할 수 있을까? 쉬는 시간에 남학생과 여학생이 신체 접촉을 하는 경우 어떻게 알고 대처할 수 있을까? 남학생과 여학생들이 서로 소통을 잘할 수 있을까?'

남녀 혼성 학급 구성에 대해 기대감보다는 의문이 더 많았다. 학년 초반에는 남학생들과 여학생들이 가까이 서서 이야기하는 것을 보는 게 어색했다.

"어허이, 너무 가까이 서 있는 거 아니니? 조금 떨어져서 이야기하면 어떨까?"

친구로서 자연스럽게 소통하고 있는 학생들을 나만 색안경을 쓰고 보았던 것이다. 그때는 교사인 나야말로 학생들과 제대로 소통하지 못했다. 하지만 4년 동안 남녀 혼성 학급 학생들과 함께 지내면서 남학생과 여학생을 구분해서 보던 시각이 바뀌어 갔다. 학생을 바라보는 나의 시각을 바꾸었다는 점에서, 나는 성장했던 것이다.

수업 시간에 모둠으로 함께 수업하면서, 학교 행사와 현장 체험 학습에 참여하면서, '남'학생들과 '여'학생들이 아닌 '학생들'은 서로 부족한 부분들을 채우고 장점을 배우며 친구로서 함께 성장해 갔다. 그런 학생들과 소통하고 지내며, 나는 다시 학생 시절로 돌아간다면 단성 학급보다는 남녀 혼성 학급 교실에서 성별과 상관없이 함께 소통하고 배우며 성장하고 싶다는 생각을 했다. 그런 환경에서 학습할 수 있는 그들이 부러웠다. 남녀가 아닌 인간 대 인간으로서 소통할 수 있는 능력은 앞으로 그들이 살아갈 평등 사회에서 매우 중요하니까.

현장 체험 학습 준비와 실행을 위한 소통(疏通)

9월 말 학급 단위 현장 체험 학습은 1학기 때부터 준비해야 한다. 학년 단위로 현장 체험 학습을 갔던 학교에서 근무했던 나를 포함한 많은 선생님들은 학급 단위로 가는 것에 의구심과 불만이 있었다. 각 학급 단위로 학습 계획을 세워야 하기 때문에 시간과 노력이 많이 필요했기 때문이다. 그러나 학생들이 스스로 계획하고 구성하는 것이 다행복학교의 현장 체험 학습 목표이기에 학생들을 믿고 기다릴 수밖에 없었다. 그들이 스스로 장소를 선정하고 일정을 계획할 수 있도록 기다려야 하는데, 그게 그렇게 쉽지만은 않은 일이었다.

"선생님, 놀이공원에 가도 되나요?"

"놀이공원은 우리가 학교에서 배운 내용을 현장에서 직접 체험해 보는 과정이 아니잖니?"

"롤러코스터에서 물리 시간에 배운 작용 반작용의 법칙을 직접 체험해 보면 되죠."

"우리가 수업 시간에 배웠던 내용을 함께 체험하면 좋을 다른 장소를 찾아보자."

매년 학급 단위 현장 체험 학습을 준비할 때마다 나는 학생들과 이런 대화들을 나눈다. 2박 3일 동안 합법적으로 친구들과 재미나게 놀 수 있는 시간을 가지게 되었다고 생각하는 학생들과 현장 체험 학습의 의미를 되새기면서 어떤 장소로 가면 좋을지에 관해 오랜 회의를 거쳐야 했다. 교사가 계획하고 준비하면 장소와 일정을 정하고 바로 실행할 수 있는 간단한 과정이었다. 그러나 우리는 학생들이 스스로 계획을 짜고 논의하고 구성원들의 합의를 얻지 못하면 다시 찾아보는 과정을 반복했다. 시간도 오래 걸리고, 그렇게 들인 시간과 노력에 비해 2박 3일 코스도 기대만큼 만족스럽지 못했다.

"선생님, 우리가 알아본 것은 이렇지 않았는데, 왜 이런 걸까요?"

"선생님, 인터넷에서 본 거랑 너무 달라요."

"제가 추천한 곳인데 친구들이 좋아하지 않는 것 같아서 속상해요."

학생들은 스스로 준비한 만큼 기대가 크지만, 실제 상황에서 그렇지 못한 경우를 맞닥뜨린다. 그러다 예상하지 못한 장소나 프로그램에서 감동하기도 한다. 두 가지 상반된 감정과 경험을 겪는 것은 학생들이 스스로 계획하고 준비하는 과정을 거쳤기 때문이다. 만약 교사가 주도해서 계획했다면, 학생들은 그 상황들을 평가만 할 것이고, 결과도 주로 부정적일 가능성이 크다.

스스로 준비하고 계획하는 과정에서 학생들은 자기 주도적으로 참여하고, 말과 행동에 책임감을 가지며, 자신들이 준비하고 실행하는 과정에서 문제점은 없는지 점검하고 성찰한다. 자기 주도성과 책임감, 자기 성찰을 함양시키기 위한 교육과정이라는 이유로, 이런 현장 체험 학습의 필요성과 타당성은 충분했다. 물론 초반에 내가 가졌던 의구심과 불만을 거두어들이기에도 충분했다.

4년째가 되던 해, 이제는 학생들이 스스로 준비하고 책임감 있게 임할 수 있을 것이라는 어느 정도의 확신이 생겼다. 그래서 학급 단위 현장 체험 학습에 수행 평가를 병행하고 싶었다. 학교가 아닌, 현장 체험 학습 속에서도 학생들이 서로 소통할 수 있기를 바랐다.

현장 체험 학습을 가기 전에 4~5명의 모둠 학생들이 스토리보드를 만든 뒤, 현장에서 직접 사진을 찍거나 동영상을 촬영하고,

그렇게 찍은 사진과 촬영한 영상들을 편집해서 브이로그를 만들게 했다. 내가 가르치는 교과가 영어이기 때문에, 영상에 들어갈 대사들을 미리 구성하고 현장에서 녹음하거나, 그게 어려우면 수업 시간에 더빙하기로 했다.

처음에는 모둠원 구성 방식에 대해 학생들의 의견이 분분했다. 교실에서 함께 앉아 있는 모둠 구성원들끼리 브이로그를 계획하고 영상을 함께 찍도록 했기 때문이었다.

"선생님, 그래도 현장 체험 학습인데, 함께 찍고 싶은 친구들과 찍어야 되는 거 아니에요?"

"지금 같이 앉아 있는 친구들하고 계속 함께 돌아다니면서 영상을 찍으면, 친한 친구들하고는 언제 함께해요?"

자기 모둠원과 함께 영상을 찍고 싶지 않다고 대놓고 이야기하는 학생들도 있었다.

"2박 3일 동안 계속 영상을 찍는 게 아니야. 너희가 현장 체험 학습 가기 전에 어떤 장소에서 어떤 내용으로 어느 정도 분량으로 영상을 찍을지 계획을 세웠으니, 그에 따라 영상을 찍으면 되고, 모든 장소에서 영상을 찍을 필요는 없어. 그러니까 지금 교실에서 함께 앉아 있는 모둠에서 계획하고 영상을 찍는 것이 현장 체험 학습 자체와 그 과정에 영향을 주진 않을 것 같은데?"

사실 친한 친구들끼리 모둠을 정하게 되면, 친구 관계를 맺는 데 어려움이 있는 학생들이 모둠을 형성하기 어렵다. 그런 학생들은 현장 체험 학습을 가야 한다는 것부터 마음이 편하지 않다. 버스에서 함께 앉아야 하고, 식당에서 같은 테이블에서 밥을 먹어야 하고, 하나의 방에서 함께 자야 하는데, 관계 맺는 것이 어려운 학생들은 어떤 친구들과 그렇게 해야 할지 막막하다. 나랑 수업을 함께하는 학생들이 브이로그를 만드는 작업에서 그런 불편함을 겪게 하고 싶지 않았다. 처음부터 학생들의 반발에 부딪히자 걱정되고 불안하기도 했지만, 다행히 다수의 학생들이 나의 이야기에 공감해 주었다.

"우리는 현장에서 바로 녹음하는 게 어때?"

"좋긴 한데 주변 소음 때문에 나중에 소리가 잘 안 들리면 어쩌지?"

"그럼, 현장에서 녹음 후에 바로 들어 보면 되지 않을까?"

"그럴 여유가 있을까? 다음 장소로 이동할 시간이 되면 어떻게 해?"

"일단 소리가 작게 들리거나 들리지 않으면 재촬영을 하자. 그리고 재촬영할 시간이 안 나면 그 부분만 더빙으로 하고."

현장 체험 학습을 가기 전, 자신들이 촬영해야 할 장소와 내용, 대사에 대해서까지 스스로 계획해 보며 학생들은 설레어 했다. 통합 학급 학생이 있는 모둠에서도 그 학생이 출연할 수 있게끔 계획을 짰다.

현장 체험 학습을 떠나는 날. 출발하는 버스에 오르기 전부터 모둠원들끼리 함께 모여 영상을 촬영하기도 하고, 현장 녹음을 하기로 한 모둠들은 영상에 들어갈 대사를 열심히 연습했다. 출발하기 전 학생들의 모습은 내가 예상했던 대로 함께 소통하는 모습이었다.

버스가 출발했고, 학급 담임 선생님들은 현장에서 벌어지는 상황에 대해 서로 연락을 주고받았다.

"선생님, 우리 거의 도착했어요. 혼자 다니는 아이가 있을까 봐 걱정했는데, 브이로그 과제 덕분에 모둠 친구들이 다 함께 다니고 있어요. 너무 다행이에요. 브이로그 과제 잘 내 준 것 같아요."

"우리 반도 그래요. 모둠 친구들끼리 잘 챙기면서 같이 다니고 있네요. 아이들이 너무 예뻐요."

그런 반면, 부정적인 상황도 있었다.

"친한 친구들과 사진 찍으면서 같이 다니고 싶은데, 브이로그 때문에 계속 모둠 친구들과 다녀야 한다고 뾰로통한 아이들이 있어요."

"영상 찍는 동안만 같이 있으면 되니, 너무 걱정하지 말라고 해 주세요. 모든 장소에서 영상을 촬영할 필요가 없고, 모둠에서 정한 장소들에서만 찍으면 되니까요."

교실에서 투덜거리던 아이들은 결국 현장에서도 불만을 터뜨리고 말았다. 하지만 내가 소통하고 싶은 사람하고만 소통하는 것이 아니라, 다양한 사람들과 소통하길 바라는 마음에서 계획된 브이로그 작업이기 때문에, 그것을 배우는 시간도 필요했다.

　모둠 친구들끼리 같이 다니면서 영상을 촬영하는 학생들을 사진 찍어서 담임 선생님 단톡방에 올리는 선생님들도 계셨다. 나는 우리 반 학생들이 모둠 친구들과 함께 다니며 열심히 촬영하는 모습들을 보면서, 그리고 친한 친구들하고만 소통하는 것이 아니라 다른 친구들과도 다양하게 소통하는 모습들을 보면서, 학생들이 소통이 무엇이며 어떻게 소통해야 하는지 알아 가고 있다고 생각했다. 통합 학급 학생이 있는 모둠에서는 그 학생에게 지금 도착한 장소와 해야 할 일에 대해 자세히 차근차근 알려 주며 과제를 진행해 나갔다. 교실에서 소통할 때보다 더 밝은 표정의 얼굴들을 보며, 이번 현장 체험 학습이 학생의 수준과 특성을 벗어나 모든 학생들에게 소통의 기회를 주었고, 또 소통의 중요성을 일깨워 준 활동이었다는 것을 확인할 수 있었다.

　현장 체험 학습을 다녀오고 난 뒤, 촬영한 영상들을 스토리보드에 따라 편집하고, 대사를 녹음한 것들 중에 소리가 작아서 들리지 않는 것들은 다시 녹음했다. 모둠 학생들 전부가 다섯 문장 이상을 영어로 말해야 했기 때문에, 서로의 문장과 발음을 챙겨 주었다. 다시 한 번 소통의 현장을 목격했다.

　편집이 끝난 영상들을 감상하는 시간도 가졌다. 학급 담임 선생님들과 교과 선생님들께 상영 시간을 미리 말씀드려 와서 보실 수 있도록 했다. 학급별로 같은 장소에 가서 영상을 찍었기 때문에, 영상을 보는 내내 같은 장소가 반복되어 나왔지만, 학생들은 영상 속의 자신과 친구들의 모습을 보며 재미있어했고 당시 있었던 일을 떠올렸다. 영상을 보려고 수업에 참관하신 선생님들도 영상 속 아이들의 밝은 표정을 보면서, 다시 한 번 학생들끼리 다양하게 소통한 소중한 경험을 되뇌었고, 한편으로 학생들의 영어 실력과 편집 실력에 박수를 보냈다. 통합 학급 학생도 비록 영어 문장을 말할 수는 없었지만 표정이나 몸짓으로 대신하며 제 역할을 다했다. 그 모습이 나와 함께 영상을 보던 선생님들께 감동을 선사했다.

학생들은 예상했던 것보다 훨씬 뛰어난 수준의 영상을 만들어 냈다. 그리고 그 과정에서 학생들 스스로 잠재력을 발견했고, 책임감을 가지고 임하는 자세도 터득했다. 모든 면에서 내가 예상했던 것보다 훨씬 훌륭했다.

학급별 현장 체험 학습, 현장 체험 학습에서의 수행 평가. 처음엔 이런 새로운 변화를 시도하는 것이 불안했다. 그러나 여러 번 학급 단위 현장 체험 학습을 거치면서 학생들에 대해 더 잘 이해하게 되었고, 학생들과 함께하기에 더할 나위 없이 좋은 교육과정이라는 것을 알게 되었다. 지금도 나와 학생이 서로 소통하고, 학생과 학생이 서로 소통하기에 이만큼 좋은 교육과정은 없다고 생각한다.

생활교육에서의 소통(疏通)

다행복학교는 생활교육에서도 역시 이전 학교와 소통의 차이점이 있었다. 우리 학교는 학년 단위 생활 위원회에서 담임 선생님들이 위원이 되어, 학생 문제를 파악하고, 학생 의견을 직접 듣고 나서, 해결책을 함께 의논했다.

"1반에 누가 동일한 문제로 인해 세 번이나 교육을 받았으니 학년 생활 위원회에서 함께 이야기해서 생활 태도와 학습 태도를 다시 돌아보게 해 주었으면 좋겠습니다."

담임 선생님이 학년 담임 교사 회의에서 이와 같이 건의하면 다른 선생님들이 공감하고 점심시간에 학생을 불러 이야기를 나눈다.

위원회 당일. 담임 선생님이 다른 선생님들께 학년 생활 위원회에 안건을 올리게 된 경위를 자세하게 설명하고, 학생이 자신의 의견을 이야기할 수 있게 한다.

"담임 선생님께서 지금 이야기한 부분이 다 맞는지 혹시 잘못 전달된 내용이 있는지 학생 의견을 들어 보도록 할게요."

"담임 선생님 말씀이 맞아요."

"그렇다면, 앞서 생활 태도와 학습 태도에 대해 교육을 받았는데 변하지 않은 이유, 잘못을 거듭하는 이유는 뭔지 생각해 봤니?"

"이번에 이렇게 학년 생활 위원회를 한다고 해서 생각해 봤어요. 나는 왜 이럴까? 왜 스스로 못해서 이렇게 되었을까? 결국 제 게으름 때문이었어요. 그리고 선생님 말씀을 귀 기울여 듣지 않았 고요."

"그랬구나. 그럼 이제 어떻게 하고 싶니?"

"선생님들께서 말로만 저런다고 생각하실지 모르겠지만, 이번 을 계기로 정말로 저의 생활 태도와 학습 태도를 고치고 싶어요. 혹시 변하지 않는 저를 보신다면, 선생님들께서 계속 말씀해 주시 면 좋겠어요."

"그렇구나. 선생님들이 이야기하는 것은 우리가 해야 할 일이니 최선을 다해서 하겠지만, 그런 이야기를 할 때 예전처럼 화를 내 거나 짜증 내는 걸 하지 않을 수 있을까?"

"네, 선생님. 저도 계속 이렇게 지내서는 안 되겠다는 생각을 해 요."

"그럼 선생님들이 계속 관심을 가지고 이야기해 주기를 바란다 는 거지?"

"네."

"그래, 그렇게 하도록 선생님들도 노력할게. 마지막으로 하고 싶은 이야기가 있니?"

"저 한 명 때문에 이렇게 선생님 아홉 분이 모여서 이야기를 들 어 주시고 관심을 가져 주시게 될 줄 몰랐어요. 선생님들께서 관 심 가지고 말씀해 주신 만큼 이번에는 정말 바뀌고 싶다고 생각해요. 이렇게 불러 주셔서 감사합니다."

학생들은 이런 과정을 겪으며 선생님들이 자신의 문제에 대해 이렇게 깊이 있게 고민하고 노력하고 있다는 걸 알게 된다. 모든 학생들이 이렇게 적극적으로 말하거나 긍정적으로 변하는 것은 아니다. 그렇지만 많은 학생들이 자신이 훈계를 듣거나 지도받고 있다고 느끼지 않고 선생님들께 관심과 교육을 받고 있다고 느낀다. 이렇게 자신의 잘못된 행동을 뉘우치고 이야기하는 학생들을 보면서 우리의 노력이 헛되지 않았다는 것을 느낀다. 이런 교육 활동들을 다른 선생님들과 소통하면서 함께할 수 있는 다행복학교에 대한 믿음과 확신이 더 강해졌다.

다시 한 번, 소통(疏通)

4년의 다행복학교 생활을 끝내고, 새로운 다행복학교에서 생활을 시작했다. 첫 다행복학교에서는 기존의 '나'와 현재의 '나'가 소통하는 과정에서 좌충우돌을 겪기도 했다. 그러나 그 과정에서 주변 선생님들과 소통하며, 또 다행복학교 교사로서 아니 그냥 '교사'로서 나의 교육 철학과 교육 방법에 대해 스스로 정리하며 성장했다.

하지만 아직 많이 부족했다. 다른 다행복학교, 다른 선생님들과 더 소통하고 싶었고, 학생들과 더 깊고 폭넓게 소통하며 교사로서 성장하고 싶었다. 그래서 다시 다행복학교로 전근을 갔다. 나는 다행복학교에서 다행복학교로 전근을 온, 이른바 다행복학교에 '뼈를 묻은' 교사로 인식되고 있다. 그러나 내가 다행복학교를 위해서 특별한 일을 하고 있다고 생각하지는 않는다. 소통 문화 속에서 교사가 스스로 성장하고, 다른 교사와 학생의 성장을 도울 수 있다는 것이 다행복학교의 가장 큰 매력이다. 그 소통의 흐름 속에 같이 있으면서 그 흐름을 다른 학교로 확산시킬 수 있기를 바랄 뿐이다. 우리 학교와 다른 학교들이 이런 소통의 흐름 속에서 함께 서핑하기를 바란다.

두려움과 배움은 함께 춤출 수 없다

구준모

생활 지도, 해? 말아?

한창 아이들이 속을 썩일 6월의 어느 날, 학생부실은 폭풍 전야처럼 참 고요했다. 그런 날은 자주 오지 않기에 오랜만에 여유를 누리며 나도 모르게 해선 안 될 말을 해 버렸다.

"이야, 오늘은 정말 아무 일도 없네. 좋다!"

그 말을 내뱉는 순간, '아차!' 하고 입을 막았지만 이미 늦어 버린 걸. 참 이상하게도 편하다는 말만 하면 대형 사고가 터진단 말이지……

아니나 다를까. 조금 뒤 학생부실 문이 드르륵 큰 소리를 내며 열리고 말썽꾸러기 몇몇이 나타났다. 그 뒤로 씩씩대며 화가 난 선생님도 함께…….

"학생부장님, 이 아이들 지도 부탁드립니다. 선생이 말을 하면 들을 줄 알아야 하는데 건들건들 말대답이나 하고……. 저는 지도 못 하겠습니다!"

반사적으로 몸을 낮추고 연신 고개를 숙였다. 선생님을 조금 진정시킨 뒤 아이들을 돌아보았다. 뭐가 그렇게도 불만인 건지 얼굴에는 화가 가득하고, 당장이라도 뛰쳐나갈 자세로 구부정하게 서 있다. 그러다 우려했던 일이 터졌다.

"아, 저 선생님이 먼저 짜증나게 했는데요! 다른 애들도 다 했는데 저한테만 뭐라 하고. 먼저 큰소리로 뭐라 했잖아요!"

"야! 너 뭐라고 했어? 아, 짜증나? 이거 안 될 놈이네. 선생님한테 못 하는 말이 없네! 어!"

순간 난전이 펼쳐졌다. 그 사이에서 나만 이리 갔다 저리 갔다 갈팡질팡하고 있었다. 두 사람의 대화가 멈출 기색이 없자, 온 교무실 선생님이 일어서서 우리를 바라봤고, 나는 그 사이에서 멍하니 서 있었다. 어디서부터 잘못된 걸까?

몇 해 전부터 생활 지도의 어려움을 호소하는 교사들이 점점 더 많아지고 있다. 이런 말을 하는 교사 중 대다수는 뭔가 강력한 지도 방안이 없어 교권이 무너지고 있기 때문이라고 한다. 체벌 금지와 학생 인권 조례가 생활 지도를 포기하게 한다면서, 퇴학 조치가 불가능한 의무 교육과정 때문에 학생이 학교의 지도에 따르지 않아도 마땅히 처벌할 방법이 없다고 불만을 토로하고 있다. 최근 체벌 대체 방안으로 많이 활용되고 있는 상벌점 제도 또한 문제가 심각했다. 학생들은 차라리 맞는 게 깔끔하다고 말할 정도로 스트레스를 받고 있으며, 선생님마다 기준이 달라 불편하다며 그 객관성마저 의심한다. 교사 역시 벌점을 줘 봐야 달라지는 것도 없고 관리도 까다롭다며 제대로 운영하지 않는다. 이렇다 보니 교육청에는 상벌점제 관련 민원이 끊이지 않는다고 한다.

이런 상황으로 인해 의무 교육과정에서도 퇴학 조치가 가능하도록 제도를 정비해야 한다는 의견이 나오는가 하면, 강력한 교권 확립 방안이 필요하다는 얘기도 자주 들린다.

"학교에 있으면 너무 외로워요. 교사에게 아무런 권한도 없고 혹시 문제라도 발생하면 그 책임은 온전히 교사 혼자서 져야 하잖아요. 이런 상황에서 누가 책임감 있게 생활 지도를 하겠어요?"

"교사만 피해를 보는 게 아니에요. 지금 교실에 들어가 보세요. 제멋대로인 아이들이 수업을 무너뜨리고 학급을 엉망으로 만듭니다. 많은 선량한 아이들이 피해를 보고 있어요."

하지만 강력한 지도 방안이 생기면 이 상황이 나아질까?

두려움과 배움은 함께 춤출 수 없다

교실에서 억압적 통제와 감시에 의존하지 않고, 사회생활에 필요한 질서와 규칙을 배우고 실천하는 시민을 기르는 교육을 할 순

없을까? 관계, 규범, 신뢰가 기반이 된 '윤리적 생활 공동체'를 구축해 낸다면 이런 해묵은 고민도 쉽게 해결될 텐데 말이다.

누구도 가 보지 않은, 누구도 가려 하지 않은 길에 가장 먼저 나선 건 통제와 억압의 한계를 가장 뼈저리게 경험한 학교였다. 새로운 시도와 대안이 절실히 필요했기에 부산다행복학교가 되기로 마음을 먹은 것이다. 그 길에 가장 먼저 나선, 나서야만 했던 건 역시 교사들이었다. '회복적 생활교육'을 배우고 익히고 학교 문화를 바꾸려 머리를 맞댔다.

배우는 일도 중요했지만, 상처받고 외로웠던 교사들의 마음을 치유하는 데도 많은 신경을 썼다. 반목하고 불신하던 공동체를 회복하기 위해 서로를 위한 위로와 격려에 많은 시간을 할애했다. 함께 텃밭 농사를 짓고 차를 마시거나 영화를 보는 등 관계를 쌓기 위해 많은 일을 함께했다. '회복적 생활교육'과 '윤리적 생활 공동체'는 교사 공동체의 재건에서 비롯되기 때문이었다.

첫 시작은 나쁘지 않았다. 달라진 생활교육을 완전히 이해하고 실천하진 못했지만, 적어도 예전 방식은 안 된다는 점을 교사들이 받아들였기 때문이다. 어색하지만 정성을 다해 다양한 교육적 실천 프로그램을 개발하고 학교 현장에 적용하기 시작했다.

그 첫 번째 시도는 '아침맞이'였다. 학생들의 등교 시간에 전 교사가 나와 반갑게 인사하며 환영해 주었다. 밝고 활기찬 노래가 흐르고 환한 웃음이 가득한 하루를 시작하게 해 학교생활의 어려움을 조금이라도 줄여 주고 싶었다. '아침은 먹었니?', '잘 왔어, 온다고 고생했다.', '오늘도 즐거운 하루!', '표정이 어두운데 무슨 일 있어?'

교문에서 매서운 눈초리로 감시하던 선도부와 학생부장은 사라지고, 매일매일 부드러운 표정으로 반갑게 인사하는 학생부 교사들이 그 자리에 섰다. 모든 학생의 이름을 불러 주고 등을 두드려 주는 아침 등굣길에서 학생들은 달라진 학교 문화를 체감하기 시작했다. 이런 따뜻함이 점점 학교 전체를 물들여 갔다.

우리 학교 이런 학교 아니잖아요!

학교와 교사가 학생을 존중하면 학생들이 달라질까? 아이들이 교사를 보고 배워 서로를 존중하게 될까? 교사를 우습게 만들거나 교사의 인권을 침해하는 일도 사라질까? 모든 게 좋아지길 바랐지만 사실 그렇지 않았다. 마음잡고 하루 공부한다고 해서 성적이 오르지 않는 것처럼. 2개월도 안 돼서 학교에서는 사건이 터지기 시작했다.

"아, 선생님! 우리 학교 이런 학교 아니잖아요."

능글맞고 싹싹하던 그 아이의 말에 상처를 받은 것도 그쯤이었다. 문제가 생기면 윽박지르고 벌을 주던 방식에서 이야기를 들어 주고 기다려 주기 시작하면서 학생들의 버릇이 더 나빠졌다는 이야기가 교사들 입에서 흘러나왔다. 잘못에 불이익 대신 관심을 주고 마음을 어루만져 주자, 아이들은 마음을 열었다. 하지만 동시에 열지 말아야 할 속마음까지도 열어 버렸다. 예전이라면 아무 말도 못 할 녀석들이 불만을 토로하고 처벌이 없다는 것에 자제력을 상실한 모습을 보였다. 제재를 가하자 이에 반발한 아이의 표정과 목소리가 한동안 마음에 남았다. '이런 학교'가 아니라니 그럼 도대체 어떤 학교인 거지? 저 아이는 우리 학교를 어떤 학교라고 생각하는 걸까? 우리가 아이들에게 보였던 노력이 잘못된 신호로 받아들여진 것은 아닐까 머리가 복잡해지고 답답했다.

선생님들이 평소에는 물론이고 수업 시간에 너무 관대하시다. 그래서 몇몇 학생들 때문에 학교 전체의 분위기가 흐려지는 것 같아 조금 안타깝다. 이에 대해서 선생님들의 좀 더 강력한 대응이 필요하다는 생각이 든다.
                    – 첫 '공동체 생활 협약 제정을 위한 대토론회' 학생 소감 중 일부

대다수의 부산다행복학교들은 시작과 동시에 비슷한 혼란을 겪었다. 생활 지도를 교육으로 바꾼다며 꼭 잡고 있었던 통제와 억압의 끈을 놓자, 아이들은 해방감을 주체하지 못하고 선을 넘었다. 다시금 강력한 통제의 유혹이 학교 공동체를 엄습해 왔다.

수업 방해, 수업 거부, 무기력, 구성원에 대한 인권 침해, 따돌

림, 관계 맺기를 두려워하거나 거부하는 현상 등은 단지 학생을 존중하지 않아서, 학교 문화에 문제가 많아서 생겨난 것이 아니다. 사회나 가정의 영향도 크다. 더구나 학생들은 이제야 처음으로 '존중'을 경험한 것이 아닌가. 늘 억압과 통제 아래에 있었던 학생들이 처음 해방되었을 때 어떻게 해야 할지 모르는 건 당연한 일이다. 하지만 그렇다고 해서 학생 마음대로 하는 것을 두고만 볼 순 없었다. '방종'은 부산다행복학교의 생활교육이 추구하는 교육 가치가 아니니까. 그럼 어떻게 해야 한단 말인가?

학교는 '교육'을 하는 곳이다

아이들이 마음대로 하고 있다는 점이 가장 두드러지게 드러나는 부분은 용의 복장 문제였다. 진한 화장, 사복인지 교복인지 알 수 없는 복장, 심지어 슬리퍼를 신고 등교하는 학생들의 모습을 보면서 교사들의 자괴감이 커졌다. 학교 주변의 어른들도 혀를 끌끌 차며 우리를 비난했다.

"선생님들의 인내심은 이제 바닥이 났다. 그렇게 봐주고 참아 줬으면 잘해야 하는 거 아니야? 오늘부터 용서는 없다! 모든 건 교칙대로 처리한다!"

예전 같으면 강당에 전교생을 모아 두고 학생부장이 나와 엄포를 놓았을 거다. 그러나 그런 방식으로 문제를 해결하고 싶지 않았다. 냉정하게 상황을 분석하고 해결책을 마련해야 했다.

무슨 일이든 항상 예외는 존재한다. 엄밀히 따져 보면 용의 복장이 엉망인 학생의 수는 많아야 10퍼센트였다. 문제는 이상하게도 교사의 눈에는 그런 학생만 보인다는 것이다. 우리는 상황을 객관적으로 바라보며 예외에 속지 않으려 했다. 개인의 변화나 태도에 너무 과하게 집중하기보다 학교 문화를 어떻게 바꿀지에 집중하려 했다.

우리는 이 문제를 교육의 기회로 삼으려 했다. 학교는 교육을 하는 곳이고, 교사는 교육을 통해 학생을 변화시키는 사람이다. 따라서 우리가 내린 결론은 '어떤 처벌을 줄까?', '학부모를 소환할까?'가 아니라, '잘 가르쳐 보자.'일 수밖에 없었다.

돌이켜 보면 그간 학교는 '화장을 하면 안 돼, 머리는 짧게 잘라, 교복을 입어!'라고 명령만 해 왔다. 왜 그래야 하는지 무엇을 위한 것인지에 대해 제대로 설명해 주지 않았다. 이제라도 우리는 우리가 할 일을 해야 했다.

'잘 가르치기 위해' 우리는 함께 모여 수업을 고민했다. 사실 우리가 용의 복장에 집착한 건 '진정한 아름다움'을 가르치려 했기 때문이 아닌가. '진정한 아름다움은 무엇일까?'를 주제로 창체 시간과 국어, 사회, 과학, 영어와 같은 다양한 교과 시간, 학생 자치회 활동을 엮어 통합 프로젝트를 준비했다. 본질에 집중한 이 프로젝트로 우리 공동체는 새로운 차원에서 한 단계 성장할 수 있었다.

나는 화장이 옳지 않다고 생각하지 않는다. 각자의 개성을 표현할 수 있는 또 다른 하나의 방법이고, 메이크업 아티스트, 스타일리스트 등 무수한 직업과 연관되어 있기에, 공부를 하는 것과 같이 자신의 미래에 한 발자국 더 다가가는 기회라고 생각한다.

선생님들, 부모님들은 '학업에만 열중해야 할 시기에 겉치장이라니 학생답지 않다.'라고 말한다. 여기서 학생다운 건 무엇일까? 질끈 묶은 머리에 여드름 난 피부, 무릎 덮는 치마에 학교에서만 온종일 시간을 보내는 것이 학생다운 것인가? 학생들도 사람이고 자신을 가꿀 수 있는 권리가 있다. 그 권리를 침해할 수 있는 사람은 세상 어디에도 없다.

– '진정한 아름다움' 프로젝트 수업의 학생 소감 중 일부

우리는 교칙이 아니라 자부심을 지킨다

따뜻하게 학생을 대하는 교사들과 그런 교사들이 만들어 내는 수업만으로 건강한 공동체가 만들어지진 않았다. 학생들은 자신들을 어떻게 대하는가 보다 자신들이 무엇을 할 수 있는가에 더 큰 영향을 받고 있었다. 전교생이 모인 400인 원탁 토론회는 그런 의미에서 우리 학교 구성원 모두에게 특별한 경험이었다. 학생들은 비로소 존중받는다고 느꼈고, 학교와 교사를 신뢰하게 되었다.

우리 공동체는 이런 존중의 경험이 소속감과 책임감을 갖게 하고, 자기 삶의 주인으로서 성장하게 한다는 걸 깨달았다. 이날 이

후 학교생활의 중요한 결정들을 학생들에게 직접 묻기 시작했다. 또한, 학급 단위 평화 서클 활동, 또래 상담, 다모임 등을 통해 공동체 내 작은 갈등이라도 함께 모여 이야기하며 책임을 나누어 가졌다. 이제 우리 학교에서 서로를 위한 약속은 규제와 불편함이 아니라 자부심이 되었다.

우리 아이의 고등학교에서는 학생들이 지킬 규칙을 전교생이 모여 스스로 만든다. 가정, 학교 할 것 없이 학생들을 인격적으로 대한다는 것은 많은 비효율과 인내, 헌신을 동반한다. 이런 노력은 학생들이 갑자기 교칙을 잘 지키는 기적을 가져오지는 않았지만, 서로 존중하는 관계라는 인식의 변화를 일으켰다. 교칙을 만들어 보는 신기한 경험은 학생 개인의 자존감을 높여 준다. 스스로 교칙을 만드는 일은 학교와 교사가 학생을 존중한다는 메시지가 되고, 학생들은 교사에 대해 믿음이 생긴다. 무엇보다 확실한 것은 부산다행복학교 학생이라는 뿌듯한 소속감이 생겼고, 즐거운 학교 문화가 만들어졌다.

– 학부모의 글 중 일부

학교에서 일어나는 문제에 대해 학생들이 직접 토론하고 그 결과를 반영하는 것을 통해 정말 학교가 학생을 위한다는 것을 생생히 느꼈다. 토론 시작 전까지는 가벼운 마음으로 있었지만, 토론이 끝난 후 나도 우리 학교의 구성원이라는 깨달음과 책임감이 생기는 것 같았다.

스스로 해결책을 찾아내다

"야, 저 행님 오토바이 진짜 멋지지 않나?"

"저 선배 신발이랑 패딩 봤나? 완전 플렉스다 플렉스."

"뭐 공동체 생활 협약? 많이 해라 그래라. 그런다고 뭐가 달라진다고. 선생들은 다 똑같다. 참견하고 간섭이나 하지. 나는 내 맘대로 하고 살란다."

학교 안의 문화가 달라져도 학교 밖의 청소년 문화는 여전했다. 게다가 학교 밖의 문화는 끊임없이 학교 안으로 비집고 들어와 공동체를 위협했다. 여전히 '일진'이라 불리는 학생들이 또래 집단의 헤게모니를 장악하며 학교 문화를 조롱하고 있었다. 이들은 또래 집단의 지지를 받고 있었기 때문에 공동체가 한 단계 성장하는데 큰 장애 요소였다. 그렇다고 해서 교사들이 직접 개입하여 이들을 설득하려 하면 '꼰대'라는 비난만 받을 뿐이었다. 어디서부터 풀어 나가야 하나 고민하고 있을 때 학생들은 스스로 해결책을 내놓았다. 그것은 '학생 자치'였다.

학생 자치회는 건강한 청소년 문화와 학교 문화가 무엇인지 자신들의 시선에서 고민하고 그것을 풀어 나갔다. 회장단은 학생의 필요를 해결하기 위해 실천 가능한 공약을 제시하고 그것을 실현하여 학생의 요구로 학교가 변화한다는 걸 경험하게 해 주었다. 그리고 학생의 입장에서 행복한 학교는 무엇인지를 건강한 방식으로 제시하고 이끌어 나갔다.

인권부는 서로를 격려하고 위로하는 학교 문화를 만들기 위해 매달 다양한 프로그램으로 학생들을 응원했고, 학예부는 학생이 주인공이 되는 다양한 문화 행사를 개최하여 건강한 에너지를 확산시켰다. 체육부는 건강한 신체를 만들고 협동심을 키우기 위한 프로그램을 개발하여 팀워크를 다졌고, 자율부는 공동체 생활 협약을 만들고 지키기 위한 모든 과정을 직접 기획하고 운영하여 학생을 학교 운영의 주체로 만들었다. 홍보부는 우리 학교의 특별함이 무엇인지를 학생들에게 알려 학교에 대한 자부심을 키웠으며, 총무부는 모든 과정을 백서에 담아 학생 자치회를 학교 역사 중 하나로 기록했다.

이런 학생 자치회의 노력은 평화적인 압력으로 학교 문화에 작용하였다. 아무런 강요와 비난 없이도 학교 문화를 비웃고 조롱하는 행동을 부끄럽게 만들어 버리는 무형의 규제였다. 아이들은 건강한 가치를 말하고 실천하는 모습에 매력을 느끼기 시작했고, 학생 자치회는 학교에서 선망의 대상이 되었다. 그렇게 '일진'이라 불리던 학생들은 순식간에 비주류가 되었고 헤게모니를 상실했다.

애초에 우리는 교사의 권위나 규칙의 무서움이 아니라 공동체 구성원 모두가 참여하는 '존중과 배려', '공감과 연결'을 중요하게 생각했고 그것을 문화로 정착시키려 했다. 학생 자치회의 활동을 지켜보면서 마음 한편에 여전히 '학생을 수동적인 교화의 대상으로만 보는 습관'이 남아 있었음을 반성했다. 그들은 충분한 역량이 있었으나 그 역량을 발휘할 공간을 얻지 못했음을 새삼 확인했다.

학생 자치는 성적이나 비행 말고 다른 것으로도 학교에서 빛날 수 있다는 걸 보여 주는 일이었다. 우리는 더 많은 학생이 어디서든 자신의 영역을 인정받고 제 역할을 할 공간을 제공해야겠다는 결론을 내렸다.

그 이후로 학교에 현안이 있을 때마다 이에 관심을 가지고 활동할 학생들을 모아 각종 위원회를 만들었다. 교복이 불편하다는 여론이 있을 때는 교복 개선 위원회를, 수업을 충실히 배우고 싶다는 의견이 있을 때는 수업 바로 세우기 위원회를, 학생들이 필요한 공간을 디자인하기 위해 공간 혁신 위원회를, 지역을 알고 지역과 함께하기 위해 주민 자치 위원회를 만들었다. 각 위원회는 각자의 영역에서 토론회와 공청회, 마을 축제 등을 개최하고 학생들의 다양한 요구를 모아 대안을 제시하고 학교를 변화시켰다. 이런 활동에 전교생의 3분의 2 이상이 참여하면서 자연스럽게 건강한 공동체 문화가 자리 잡았다.

학생회 활동을 하며 학교에서의 역할이 생겨서 새로웠고 책임감
이 생겨서 열심히 할 수 있었습니다. 학생들이 어떻게 하면 더 참여
하고 관심을 줄까를 늘 고민해야 해서 어려웠습니다. 그래도 보람찬
결과가 따라와서 재미있었고 행복했습니다.

– 2018 학생 자치회 백서 중 일부

좋은 사람 옆에서는 좋은 사람으로 행동하고 싶다

한때는 요술 방망이가 세상에 있다고 생각했다. 방망이를 한 번
쓱 휘두르면 모든 일이 해결되고 원하는 것이 뚝딱하고 만들어지
는 요술 방망이 말이다. 그래서 모든 일에 요술 방망이를 찾으려
애를 썼다. '윤리적 생활 공동체'는 그렇게 찾은 요술 방망이 중
하나였다. 삭막하고 복잡한 학교 공동체를 단숨에 정리해 줄 비책
이라고 생각했다.

그러나 세상에 그런 건 없었다. '윤리적 생활 공동체'를 만들기
위해 노력했지만, 문제는 늘 생겼고 제대로 해결되지 않았다. 그
때마다 강력한 규제라는 유혹이 우리를 덮쳤다. 권위로 억압하는
일은 어찌 보면 가장 편한 방식이었다. 통제의 방식을 버리고 난
이후에는 모든 일에 충분한 시간과 노력이 필요했다. 그만큼 보람
과 뿌듯함이 있었지만, 가끔은 그 과정이 너무나 피곤해 마음이
지치기도 했다.

그럴 때 우리를 다시 일어서게 한 것은 요술 방망이가 아니라

서로를 안쓰러워하는 따뜻한 공동체였다. 실패하더라도 어깨를 두드리며 다시 손잡아 줄 수 있는 동료 말이다. 다행히 우리 학교에는 따뜻한 사람이 많았다. 좋은 사람 옆에서는 좋은 사람으로 행동하고 싶다고 했던가. 분명히 어렵고 힘든 과정이었지만 그들과 함께라서 힘을 낼 수 있었다.

민주주의가 정원이듯 학교도 그렇다. 매년 신입생이라는 새싹들로 새로운 공동체가 만들어진다. 애정을 담아 꾸준히 씨앗을 살피고 비료를 주며 양분을 공급해야 한다. 늘 새롭게 변하고 쉽게 망가지기도 하는 이 정원에서는 끊임없이 고민하고 시도하는 일이 무엇보다 중요하다. 근사하지 않아도, 원하는 만큼 자라지 않더라도 괜찮다. 정원을 만들어 가려는 모두의 노력이 있다면 언젠가 멋진 꽃이 필 테니까. 오늘도 따뜻한 정원사로 동료들과 함께해야겠다.

오늘도 다행복학교로 출근합니다

초판 1쇄 발행 · 2021년 5월 28일

지은이 · 김경애, 주강원, 이주형, 조향미, 홍명희, 이연진, 김민수, 장지숙,
    김종남, 김정아, 김민화, 정기옥, 홍혜숙, 최여례, 구준모
펴낸이 · 강일우
편집 · 강창호, 이주호
디자인 · 김선미
펴낸곳 · (주)창비교육
등록 · 2014년 6월 20일 제2014-000183호
주소 · 04004 서울특별시 마포구 월드컵로12길 7
전화 · 1833-7247
팩스 · 영업 070-4838-4938 | 편집 02-6949-0953
홈페이지 · www.changbiedu.com
전자우편 · textbook@changbi.com

ⓒ 창비교육 2021
ISBN 979-11-6570-067-6 03370